Roasting Craft

로스팅 크래프트

Roasting Craft

New guidelines for a professional coffee roaster

새로운 시대의 커피 로스팅

유승권 지음

아이비라인 Publishing Co.

Prologue

처음 로스팅을 시작하는 사람들은 대부분 경험이 부족한 탓에 자신이 배운 이론에 근거해 막연하게 로스팅을 생각하는 경향이 있다. 물론 이론적 지식도 필요하지만 로스팅 이론을 실질적으로 구체화하기 위해서는 다양한 실전 경험을 쌓아야 한다.
로스팅 입문자가 원하는 수준의 로스팅에 도달하기까지 적지 않은 시간이 걸리는 것도 바로 이러한 이유에서다. 그 과정에서 번번이 실패도 맛보는데, 여기에는 어떠한 보상도 없기 때문에 상당한 중압감이 따른다. 이는 로스터라면 누구나 한 번쯤 겪게 되는 성장통 같은 것이다. 필자도 마찬가지였다.
로스터는 로스팅 과정에서 일어나는 물리적, 화학적 반응을 이해한 후 이를 토대로 전체 구조를 설계하고 실제 로스팅에 적용할 수 있어야 한다. 그렇게 경험과 지식이 쌓이면 로스팅에 대한 실마리가 보이면서 어느 상황에서도 직감적으로 판단할 수 있는 능력이 생기고, 탄탄한 이론과 풍부한 경험을 갖춘 프로페셔널 로스터로 한 단계 성장하게 된다.

그러나 로스팅에는 정답이 없기 때문에 로스팅 이론 역시도 로스터 개개인의 철학에 따라 완성된다고 볼 수 있다.

로스팅 이론은 '로스팅이란 무엇인가?', '로스터는 무슨 일을 하는 사람인가?', '좋은 커피란 어떤 것인가?'와 같은 명제에 대한 로스터 각자의 가치관을 바탕으로 발전한다. 로스팅 조건이 같아도 로스터마다 결과물이 다른 것은 이 때문이다.

필자는 그동안 무수히 많은 로스팅을 경험하면서도 매번 스스로에게 비슷한 질문을 던졌고, 고민 끝에 '크래프트craft'라는 개념으로 로스팅에 접근하게 되었다. 크래프트는 사전적으로 '창의적인 기술이나 예술'을 의미한다. 필자는 이 크래프트의 개념이 로스팅에는 '커피의 특성을 올바로 이해하고 자기만의 스타일로 로스팅하여 소비자들에게 효과적으로 전달하는 능력'으로 접목된다고 생각한다. 그래서 이 책도 카테고리를 크게 생두, 프로세스, 로스팅, 블렌딩, 품질평가로 나누고 파트별로 세부적인 내용을 다뤘다.

돌이켜보면 현재 사용되고 있는 로스팅 기술의 대다수는 1970년대에 등장해 지금까지 약 반 세기 동안 크게 달라진 것 없이 답습되어 왔다. 하지만 당시의 로스팅 기술은 인스턴트커피로 대표되는 퍼스트 웨이브1st wave 커피나 스타벅스Starbucks로 대표되는 세컨드 웨이브2nd wave 커피를 대량으로 생산하고 유통하는 데 중점을 뒀기 때문에 최근 유행하는 섬세한 아로마와 부드러운 산미의 스페셜티 커피에 그대로 대입하기에는 다소 무리가 있는 게 사실이다. 소비자들의 다변화된 커피 소비 형태를 반영해 새로운 방식으로 로스팅에 접근할 필요성이 높아진 것이다.
과거와 달리 요즘은 로스터에게 주어진 역할과 로스터가 갖춰야 하는 역량에 대해서도 많은 논의가 이루어지고 있다. 로스터들은 자신이 로스팅한 커피를 커핑이나 컵으로 직접 평가할 뿐 아니라 로스팅 프로파일을 디지털화해 다른 로스터들과 공유하며, 방대한 데이터를 활용해 보다 나은 로스팅을 도모한다. 좋은 생두를 찾기 위해 산지를 방문하는 것은 이제 선택이 아닌 필수이며 산지의 커피 생산자들에게서 얻은 정보를 로스팅에 반영하기도 한다. 더욱 고무적인 것은 로스터의 영역에서 한 걸음 더 나아가 바리스타들과 활발하게 소통하며 완벽한 추출에 관해 함께 머리를 맞대기 시작했다는 점이다.

그런 점에서 이 책이 스페셜티 커피 로스팅의 새로운 지평을 열고 로스터들의 참신한 발상을 이끄는 데 작은 원동력이 되길 바란다.

Prologue 프롤로그   004
Contents 목차   006

Part 1 - GREEN BEAN 생두   008

1 **Variety** 품종   012
　Arabica 아라비카   014
　Robusta 로부스타   020
2 **Season** 생산시기   024
3 **Color** 색상   028
4 **Moisture** 수분   030
5 **Density** 밀도   034
6 **Size** 크기   036

Part 2 - PROCESS 프로세스   038

1 **Types of Process** 프로세스의 유형   042
2 **Natural Process** 내추럴 프로세스   045
　Conditions of Production 생산조건   046
　Defect Natural Coffee 디펙트 내추럴 커피   048
　Honey Process 허니 프로세스   050
3 **Washed Process** 워시드 프로세스   052
　Typess of Washed Process
　워시드 프로세스의 유형   053
　Effects of Fermentation 발효의 영향   055
4 **Comparative Analysis** 비교 분석   056

Part 3 - ROASTING 로스팅   058

1 **What is Roasting** 로스팅이란 무엇인가   062
　Best Roasting 베스트 로스팅   065
　Roasting Variables 로스팅 변수   066
　Structure of Roaster 로스터의 구조   068
2 **Heat Transmission and**   070
　Physical&Chemical Reaction
　열전달과 물리적&화학적 반응
　Heat 열   072
　Physical Reaction 물리적 반응   080
　Chemical Reaction 화학적 반응   086
3 **Flavor and Aroma** 플레이버와 아로마   092
　Flavor 플레이버   093
　Aroma 아로마   096
4 **Roasting Process** 로스팅 프로세스   098
　투입 - 터닝 포인트   100
　터닝 포인트 - 옐로우   101
　154℃ - 메일라드 반응   102
　160℃ - 캐러멜화   103
　194℃ - 1차 크랙   104
　220℃ - 2차 크랙   106
　배출 - 냉각   107
5 **Roasting Level** 로스팅 레벨   108
　Factors Effecting on Agtron Number   109
　아그트론 넘버에 영향을 미치는 요인
　Agtron Number and Roasting Variables   110
　아그트론 넘버와 로스팅 변수

6 Roasting Profile 로스팅 프로파일 — 112

- Endothermic Reaction and Exothermic Reaction 흡열반응과 발열반응 — 116
- Momentum 모멘텀 — 124
- Heat Control and Flavor 열량 조절과 플레이버 — 130

7 Sample Roasting and Production Roasting 샘플 로스팅과 프로덕션 로스팅 — 138

- Sample Roasting 샘플 로스팅 — 140
- Production Roasting 프로덕션 로스팅 — 142

8 Roasting Defect 로스팅 디펙트 — 146

- Scorching 스코칭 — 148
- Tipping 티핑 — 149
- Chipping 칩핑 — 150
- Baked 베이크드 — 151
- Under 언더 — 152
- Over 오버 — 153

Part 4 - BLENDING 블렌딩 — 154

1 Blending Method 블렌딩 방법 — 158

- Purpose of Blending 블렌딩의 목적 — 159
- Considerations for Blending 블렌딩 시 고려사항 — 160
- Elements of Blending 블렌딩의 구성요소 — 161
- Production Expense and Selling Price of Blend 블렌드의 생산비용과 판매가 — 162

2 Green Bean Selection 생두 선정 — 166

- Base 베이스 — 168
- Sweetness 단맛 — 168
- Acidity 산미 — 169
- Complexity 복합성 — 169

3 Blending Trend 블렌딩 트렌드 — 170

Part 5 - QUALITY CONTROL 품질평가 — 172

1 Evaluation Items 평가항목 — 176

- Sensory Evaluation 센서리 평가 — 178
- Physical Evaluation 물리적 평가 — 180

2 Extraction and TDS 추출과 농도 — 182

- Ratio 비율 — 184
- TDS 농도 — 184
- Extraction 추출 — 186
- Measurement 측정 — 186

3 Cup Tasting 컵 테이스팅 — 188

- Affective Evaluation 감성적 평가 — 190
- Discriminative Evaluation 판별식 평가 — 191

4 Cupping 커핑 — 192

- What is Cupping 커핑이란 무엇인가 — 193

Epilogue 에필로그 — 198

Green Bean

1

Part 1

GREEN BEAN

생두

로스터는 로스팅에 앞서 자신이 사용하는 생두green bean가 무엇인지에 대해 구체적인 답을 가지고 있어야 한다. 커피의 원재료인 생두에 대한 이해도가 높을수록 더 좋은 결과를 얻을 수 있기 때문이다.

그렇다면 생두의 특성에는 어떤 것들이 있을까?

우선 품종에 따른 모양의 차이가 있다. 생두는 품종마다 유전적 특징이 다르며 모양도 제각각이다. 생두의 품종은 품질에도 영향을 주는데, 실제로 품종이 다른 커피는 플레이버flavor*의 차이를 더 쉽게 느낄 수 있다. 또한 재배지역의 고도가 높고 기온이 낮을수록 일교차가 크기 때문에 생두의 밀도가 높고 품질도 더 좋다. 한편 생두의 크기를 나타내는 단위인 스크린 사이즈가 13 이하인 경우에는 커피나무에 영양분이 원활하게 공급되지 않아 미성숙두immature나 플로터floater 같이 속이 빈 디펙트defect*가 포함될 가능성이 높다. 로스팅 속도를 좌우하는 생두의 수분함량도 반드시 고려해야 하는 부분이다.

생두의 가공방식을 뜻하는 프로세스process 역시 플레이버에 결정적인 영향을 미치는 요인이다. 일반적으로 워시드 프로세스washed process를 거친 커피는 높은 신맛과 낮은 바디, 부드럽고 섬세한 아로마aroma*가 특징이며, 내추럴 프로세스natural process를 거친 커피는 낮은 신맛과 높은 바디, 달콤한 아로마가 특징이다. 로스팅 프로파일을 이야기할 때 빼놓을 수 없는 생두 변수를 조금 더 자세히 살펴보도록 하자.

✱ **플레이버** flavor : 커피가 가지고 있는 모든 맛과 향.

✱ **디펙트** defect : 결점이 있는 생두.

✱ **아로마** aroma : 커피에서 느낄 수 있는 아로마에는 엔지매틱 계열의 꽃, 과일, 허브와 슈가 브라우닝 계열의 너트, 캐러멜, 초콜릿, 그리고 드라이 디스틸레이션 계열의 송진, 향신료, 탄향이 있다.

Variety

품종

생두를 이해하는 첫걸음인
품종은 커피의 품질을 좌우하는
핵심 요소다. 대표적인 커피
종species인 아라비카Arabica와
카네포라Canephora는
산지의 고도와 기온, 일조량,
강수량 같은 환경조건에 따라
각각 다른 커피를 생산한다.

커피체리의 내부 구조

a. 배아(embryo)
b. 생두(green bean)
c. 실버스킨(silver skin)
d. 파치먼트(parchment)
e. 펙틴(pectin)
f. 펄프(pulp)
g. 외과피(outer skin)
h. 센터컷(center cut)

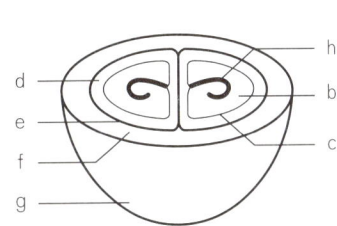
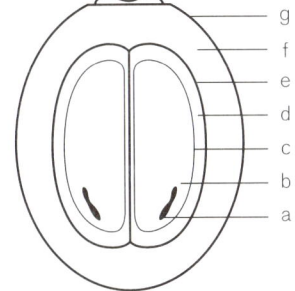

아라비카와 카네포라 특징 비교

	아라비카	카네포라
대표 품종	티피카(Typica)	로부스타(Robusta)
생산량	1그루 당 3~7kg 1ha 당 1~2t	1그루 당 8~18kg 1ha 당 2~3t
커피체리 대비 생두 산출량	6kg 당 1kg	4kg 당 1kg
밀도	700~750g/l *	730~800g/l
수확까지의 소요기간	3년	4~5년
재식밀도	5,000ha 당 1,666그루	2,000ha 당 1,000그루
재배조건	고도 : 해발 1,000~2,200m 기온 : 18~21℃	고도 : 해발 0~1,200m 기온 : 22~26℃

* **g/l** : grams per liter.

Variety > **Arabica**
아라비카

아라비카는 현재 전 세계에서 가장 활발히 생산되고 있는 품종으로 학명은 코페아 아라비카Coffea Arabica다. 약 100만 년 전 흔히 '로부스타Robusta'로 불리는 코페아 카네포라Coffea Canephora와 코페아 유게니오이데스Coffea Eugenioides가 자연교배하여 탄생했다. 아라비카의 기원은 에티오피아 남서쪽 고지대와 케냐 북부 산악지대, 그리고 콩고의 서부 도시 보마Boma와 수단의 남동쪽 고지대로 알려져 있으며, 지금도 새로운 야생 아라비카가 종종 발견된다고 한다.

총 44개의 염색체로 이루어져 있는 아라비카는 로부스타보다 고도가 높은 지역에서 자라며 자가수분을 한다. 그중에서도 품질이 좋은 아라비카는 강수량이 많고 기온이 서늘한 곳에서만 재배된다. 커피나무는 묘목을 심은 뒤 3년이 지나면 수확 가능하지만, 고품질의 아라비카는 7~10년 정도 된 커피나무에서 더 많이 수확할 수 있으며 10년 후에는 생산량이 떨어진다.

| C. Canephora | + | C. Eugenioides | = | C. Arabica |
| 22 Chromosomes | | 22 Chromosomes | | 44 Chromosomes |

< 아라비카 염색체는 22개의 카네포라 염색체와 22개의 유게니오이데스 염색체가 결합해 만들어진 것이다. >

아라비카는 로부스타에 비해 밀도가 낮고 병충해에 약해서 재배하기가 쉽지 않다. 커피나무 1그루 당 생산량도 적어서 6kg의 커피체리에서 얻을 수 있는 생두가 겨우 1kg밖에 되지 않는다. 하지만 아라비카는 플레이버가 워낙 풍부하고 꽃과 과일의 아로마와 부드러운 산미를 지니고 있어 상업적 가치가 높다. 실제로도 아라비카 생산량은 전 세계 커피 생산량의 60~70% 가량을 차지한다. 그러나 최근 들어서는 기후변화와 환경오염, 낮은 유전적 다양성 등의 문제로 인해 아라비카 생산이 점점 어려워지는 추세다.

* 게이샤 Geisha :
게이샤는 에티오피아 짐마(Djimmah)의 케파(Kappa) 지역에서 발견된 커피품종으로 코스타리카를 거쳐 파나마에서 재배된 후 경이로운 가격에 낙찰되어 유명세를 치렀다. 현재는 코스타리카와 파나마를 포함해 콜롬비아, 과테말라에서도 재배되고 있다.

아라비카가 처음 발견된 후로 지금까지 수많은 변종mutant과 개량종cultivar이 생겨났지만 모든 품종의 플레이버가 다 좋은 것만은 아니다. 아라비카가 높은 당도와 꽃과 과일의 플레이버를 가지고 있는데 반해, 변종과 개량종은 상대적으로 당도가 낮고 플레이버도 다소 차이가 나기 때문이다. 하지만 변종과 개량종은 병충해에 강해 경작하기 쉽고 환경에 적응하는 능력이 뛰어나 생산량이 많다는 장점이 있다. 대표적인 예로 아라비카와 로부스타의 교배종인 카티모르Catimor를 들 수 있는데, 이는 전체 유전자의 약 35%가 로부스타로 구성되어 있어 병충해에 강하며 경작이 용이하다. 또한 카페인 함량이 높아 쓴맛이 많이 나며 단맛보다는 향신료 같은 플레이버가 더욱 강하게 느껴진다.

아라비카의 품종 중 하나인 모카Moka는 오랫동안 예멘에서 재배되어 온 만큼 유전적으로 건조 기후에 대한 적응력이 뛰어나기 때문에 건기와 우기가 있는 중미에서는 생산하기가 매우 어렵다. 게이샤Geisha* 역시 강수량이 많고 기온이 낮은 파나마와 코스타리카, 콜롬비아 등지의 고지대에서는 경작할 수 있지만 인도나 인도네시아처럼 고온 다습한 지역에서는 생산이 거의 불가능하다. 고온 다습한 기후에 맞게 개발한 켄트Kent는 동아프리카에서 재배를 시도한 적이 있지만 새로운 환경에 적응하지 못하고 결국 실패로 끝났다.

아라비카의 품종별 생산국

품종	생산국
모카(Moka)	예멘, 에티오피아
티피카(Typica)	자메이카, 과테말라, 멕시코, 하와이, 파푸아뉴기니
버번(Bourbon)	엘살바도르, 브라질, 인도
롱베리(Long Berry)*	파나마, 과테말라, 코스타리카, 콜롬비아

* **롱베리** Long Berry : 티피카의 하위 품종으로 길다란 타원 모양을 하고 있으며, 주로 에티오피아 하라와 예가체프 등지에서 발견되는 뛰어난 품질의 커피다. 자메이카 블루마운틴과 파나마 게이샤도 롱베리의 일종이다.

〈 커피농장에 심어진 커피나무 묘목 〉

* **활성화** : 배아가 활성화된다는 말은 프로세스를 거치는 동안 생두가 외부환경과 상호작용하며 영양분을 흡수하기 시작했다는 뜻이다. 배아의 활성화는 커피체리나 파치먼트가 발효되는 동안 이루어지는데, 이 기간이 너무 길어지면 영양분이 과하게 흡수되어 배아가 발아될 위험이 있다. 반대로 잘못된 발효과정에서 배아가 죽어버리면 영양분을 아예 흡수하지 못해 품질이 떨어질 수 있으니 세심히 관리해야 한다.

* **커피 고형분** solid content : 커피에서 액체를 증발시킨 후 남은 잔류 성분을 커피 고형분이라고 한다. 커피 고형분은 커피체리의 과육에 들어있는 당이 프로세스를 거쳐 생두에 흡수되는 과정에서 생겨나며 커피 추출 시 물 속에 녹아들게 된다. 커피 고형분의 함량은 TDS 측정기를 통해 확인할 수 있다.

아라비카의 품종별 당도

당도	품종
25~28%	모카(Moka)
	티피카(Typica)
	버번(Bourbon)
20~25%	카투라(Caturra)
	카투아이(Catuai)
	마라고지페(Maragogype)
14~22%	카티모르(Catimor)

프로세스를 거친 커피체리는 과육이 발효되면서 생두의 배아embryo가 활성화*되는데, 이때 커피체리의 영양분이 생두로 흡수되어 커피 고형분solid content*이 늘어나게 된다. 커피 고형분은 대부분 당으로 이루어져 있으며, 워시드 커피보다 발효과정이 긴 내추럴 커피에 더 많이 들어있기 때문에 동일한 품종의 커피도 내추럴 프로세스로 가공한 것이 워시드 프로세스로 가공한 것보다 단맛이 더 뛰어나다.

생두가 커피체리의 영양분을 흡수하는 능력은 품종마다 조금씩 차이가 있는데, 흡수력이 좋은 모카, 티피카, 버번은 당도가 높은 축에 속한다. 당도는 재배지의 기후나 토양 같은 환경적 요인과 프로세스에 따라서도 달라질 수 있으며, 로스터는 원하는 로스팅과 추출의 방향을 고려해 그에 맞는 당도를 지닌 품종과 프로세스를 선별할 줄 알아야 한다.

* **티모르 하이브리드** Timor Hybrid : 1920년대에 동티모르에서 발견된 아라비카와 로부스타의 자연교배종. 커피의 품질이 좋지 않고 생산성도 낮지만 커피녹병에 강한 저항성을 가지고 있어 품종 개량에 많이 이용된다.

* **카투라** Caturra : 레드 버번의 우성 돌연변이종으로 1935년 브라질에서 발견되었다. 생산량이 많고 병충해에 강해 중미에서 주로 재배되는 품종이다.

[TIP] 최근 떠오르고 있는 새로운 커피품종

카스티요 Castillo

콜롬비아의 커피 생산량은 지구온난화와 이상기후로 인해 증가와 감소를 반복하다 병충해가 확산되기 시작한 2000년대 후반 들어 급속도로 떨어졌다. 이러한 문제를 타개하기 위해 콜롬비아는 정부 산하 커피연구센터인 쎄니카페CENICAFE의 주도하에 새로운 품종 연구에 돌입했고, 5년여에 걸친 노력 끝에 카스티요 개발에 성공했다. 1938년에 설립한 쎄니카페는 이미 1982년과 2002년에 콜롬비아Colombia와 타비Tabi라는 신품종을 발표한 바 있는 오랜 역사를 지닌 커피연구센터다. 티모르 하이브리드Timor Hybrid*와 카투라Caturra*의 인공교배종인 카스티요는 2010년부터 보급되어 현재도 많은 농장의 선택을 받고 있으며 특히 병충해에 약한 카투라를 대체할 품종으로 각광받고 있다.

수단 루메 Sudan Rume

루메는 그다지 잘 알려진 품종은 아니지만 호주 출신의 2015년 월드바리스타챔피언쉽 우승자인 사사 세스틱Sasa Sestic이 대회에서 사용한 커피로 유명세를 탔다. 루메는 1940년대에 아라비카의 발상지인 수단 남동쪽 보마 고원에서 처음 발견됐으며, 품질이 뛰어나고 병충해에도 높은 저항성을 가진다. 하지만 생두의 크기가 워낙 작은데다 생산량도 적어서 지금까지는 주로 연구용으로 재배되었다. 그러다 2011년 콜롬비아의 바예 데 카우카Valle de Cauca에 위치한 카페 인마쿨라다Cafe Inmaculada 농장에 의해 상업화에 성공했고 매년 4,000lb(약 1.8t) 정도가 생산되고 있다.

Variety > **Robusta**
로부스타

* **백** bag : 커피자루를 뜻하는 말로, 생두의 포장 단위를 가리키는 용어다. 주트 백(jute bag, 마 소재로 만든 커피자루) 1개에 들어있는 생두의 양은 60~70kg이다.
* **파인 로부스타** Fine Robusta : 350g의 샘플에 들어있는 디펙트 수가 5개 이하인 로부스타.

카네포라의 대표 품종인 로부스타는 전 세계에 유통되는 인스턴트커피의 80% 가량을 차지하며, 에스프레소 블렌드에도 적게는 15%, 많게는 80%의 로부스타가 포함되어 있다. 좋은 품질의 로부스타는 아라비카 못지않게 다양한 플레이버를 지니고 있지만 로부스타에 대한 커피업계의 인식은 여전히 낮은 수준이다.

매년 4,500만 백bag*의 로부스타가 판매되고 있으며 이중 200만 백은 품질이 높은 파인 로부스타Fine Robusta*지만 가격은 일반 로부스타와 별 차이가 없다.

로부스타는 통상 1lb당 1달러 내외로 거래되는데, 전체 생산량의 상당부분이 커피음료 시장으로 유입되어 큰 변동 없이 일정한 가격대를 형성하기 때문이다. 실제로 인스턴트커피를 비롯한 커피음료 시장의 80% 가량이 로부스타를 원료로 사용하고 있으며, 최근 들어 커피음료를 즐기는 사람이 늘어나고 기업 간 경쟁이 치열해지면서 상대적으로 생산비용이 저렴한 로부스타를 많이 찾는 추세다.

1980년대만 해도 세계 커피시장에서 로부스타의 거래량이 차지하는 비율은 30%에 채 못 미쳤지만 이후 점차 증가하여 현재는 약 40%에 이른다. 로부스타 거래가 활발해진 데는 여러 이유가 있지만 엘니뇨와 라니냐 등의 환경문제가 불거지면서 생산량 변동이 심해지고 개척할 수 있는 아라비카 경작지의 면적이 한계치에 도달한 것도 주요 원인으로 보인다. 아라비카의 생산량을 더 이상 확대할 수 없을 거라고 판단한 커피업계가 대안으로 아라비카에 비해 재배조건이 까다롭지 않은 로부스타의 품질 개선에

< 병에 걸린 커피나무에서 수확한 커피를 로스팅하면 색상이 어둡고 쓴맛이 많이 나는데, 이를 러스트(Rust)라고 한다. >

---

* **알그레이더 R-grader :** 미국스페셜티커피협회에서 개발한 교육 프로그램으로 로부스타의 품질을 전문적으로 평가하는 커퍼(cupper) 양성을 목표로 한다.

힘쓰기 시작한 것이다. 미국스페셜티커피협회Specialty Coffee Association of America, SCAA가 시행하는 알그레이더R-grader* 교육처럼 로부스타의 가치를 재조명하는 움직임과 함께 거래량도 눈에 띄게 늘어나고 있다.

아라비카는 기온이 낮고 일교차가 큰 고지대에서 자라는 속성 때문에 지구의 평균기온 상승에 따라 경작지가 점점 포화상태에 이르고 있지만, 다양한 환경에 잘 적응하는 로부스타는 재배지가 확대될 가능성이 크다. 로부스타는 해발 1,000~2,000m, 평균 18~21℃에서 재배되는 아라비카보다 고도가 낮고 기온이 높은 해발 0~1,200m, 평균 22~26℃에서 재배되기 때문에 경작 면적이 더 넓다. 또한 로부스타는 뿌리 자체가 아라비카에 비해 훨씬 강하고 항산화 물질인 클로로제닉산chlorogenic acid과 카페인이 다량 함유되어 있어 가뭄과 질병에 높은 저항성을 지니며, 기후변화에 대한 적응력도 뛰어나다.

농장주 입장에서도 아라비카보다 가격 변동성이 낮고 생산비용이 적게 들며 생산량도 많은 로부스타가 여러모로 이점이 있다. 커피는 옥수수나 사탕수수 같은 작물에 비해 그해 작황이나 시장의 수요와 공급 등 가격에 영향을 미치는 불안 요소가 많다. 게다가 요즘은 산지의 교육수준이 높아지고 노동력이 도시로 이동하면서 인건비까지 큰 폭으로 상승했다. 뿐만 아니라 커피농장은 12~15년마다 리뉴얼이 필요하고, 새로운 품종을 들여올 경우 현지에 적응하는 데 상당한 비용과 시간을 투자해야 한다. 물론 이렇게 한다고 해서 성공이 보장되는 것도 아니다. 농장주가 위험부담이 적은 로부스타를 선호할 수밖에 없는 이유가 여기에 있다.

< (왼쪽부터) 벌레의 공격을 받은, 햇볕에 탄, 커피녹병(Roya)에 걸린, 러스트 피해를 입은 커피나무의 나뭇잎 >

< 건강한 커피나무 >

< 병에 걸린 커피나무 >

로부스타는 아라비카에 비해 커피 음용의 역사가 짧은 편이다. 아라비카는 티피카, 버번, 모카 등의 주력 품종을 커피로 내려 마신 지 약 1,500년의 시간이 흘렀고, 그동안 계속해서 더 좋은 유전 형질을 선별해 왔기 때문에 높은 단맛과 풍부한 아로마, 밝은 산미를 느낄 수 있다. 반면 로부스타는 1886년 벨기에의 한 탐험가에 의해 콩고에서 처음 발견되어 1890년 영국인들이 우간다에 재배하기 시작했지만 결과는 그리 성공적이지 못했고, 1900년대에 이르러서야 인도네시아에서 지속적으로 경작되었다.

자가수분을 통해 기존의 유전 형질을 유지하는 아라비카와 달리 타가수분을 하는 로부스타는 유전 형질이 다른 로부스타와 만나 유전자를 서로 공유하는데, 이로 인해 플레이버가 달라지며 어떤 환경에도 잘 적응할 수 있게 된다.

로부스타는 유기산 함량이 아라비카보다 적거나 비슷하고 당도도 낮지만 카페인과 클로로제닉산이 2~4배나 많고 지방과 단백질 함량도 높기 때문에 아라비카와 완전히 다른 플레이버를 가진다.

로부스타의 품질은 지난 25년간 수많은 연구를 통해 개선되어 왔으며, 관능적인sensory 부분도 꾸준히 향상되고 있다. 현재 로부스타에 관한 연구 활동이 가장 활발한 나라는 브라질이며 생두 샘플도 다량 보유하고 있다.

Season

생산시기

< 케냐커피위원회(Kenya Coffee Board)의 경매 시스템 >

* **파치먼트 parchment :**
  생두를 둘러싸고 있는 내과피로, 커피체리의 껍질(외과피)과 과육 안쪽에 붙어있다. 실버스킨(sliver skin)과 과육 중간에 위치해 있으며, 산지에서는 생두를 오랫동안 보관해야 할 때 파치먼트가 남아있는 상태로 두었다가 판매하기 전에 탈곡한다.

* **그레인프로 grainpro :**
  전 세계 80개국 이상에서 사용하고 있는 식품보관용 비닐 백으로, 5겹으로 되어 있어 외부로부터 유해물질을 효과적으로 차단한다. 안에 들어있는 산소가 이산화탄소로 바뀌어 미생물의 번식을 억제하기 때문에 생두의 신선도를 장기간 유지할 수 있다. 일반적으로는 생두를 주트 백에 담기 전 그레인프로에 넣어 이중 포장한다.

커피는 수확시기가 일정하게 정해져 있는 작물이기 때문에 산지별 생산시기를 알고 있으면 제철에 맞춰 신선한 생두를 구입할 수 있다. 보통 수확한 지 1년 미만된 생두인 뉴 크롭new-crop은 수확한 지 1년 이상 2년 미만된 생두인 패스트 크롭past-crop보다 플레이버가 뛰어나기 때문에 소비자들에게 더 맛있는 커피를 제공할 수 있다. 산지마다 차이가 있긴 하지만 프로세스를 거친 샘플이 커핑 결과와 디펙트, 스크린 사이즈 등을 기준으로 분류되는 데는 대략 한 달 정도가 소요된다. 이후에는 파치먼트parchment* 상태로 2~3개월 간 창고에 저장하는데, 이 시기를 휴지기resting time(아프리카 케냐, 에티오피아, 탄자니아 등지에서는 휴지기를 거치지 않고 건조된 파치먼트를 바로 탈곡한다.)라고 부른다. 프로세스 중에 스트레스를 받은 생두가 안정화되는 단계로 보면 된다.

생두는 수출 계약이 체결되면 파치먼트를 제거하는 작업인 탈곡hulling을 거쳐 그레인프로grainpro*와 마대자루에 담기거나 진공 포장되어 컨테이너에 선적된다. 컨테이너가 한국에 도착하는 데 걸리는 시간은 산지마다 다르지만 대체로 아프리카는 2개월, 아시아는 1개월 남짓이다. 결국 우리가 사용하는 생두는 생산 과정에 따라 수확 후 짧게는 5~6개월, 길게는 7~8개월이 지난 셈이다.

주요 커피 생산국의 수확시기

	1월	2월	3월	4월	5월	6월	7월	8월	9월	10월	11월	12월
에티오피아	▬	▬									▬	▬
케냐			▬	▬	▬						▬	▬
파나마	▬	▬	▬	▬							▬	▬
과테말라	▬	▬	▬	▬							▬	▬
코스타리카	▬	▬	▬	▬							▬	▬
콜롬비아			▬	▬	▬	▬				▬	▬	▬
브라질					▬	▬	▬	▬	▬			
인도네시아	▬	▬	▬	▬						▬	▬	▬

(출처 : 카페 임포츠(Cafe Imports))

Color

색상

생두는 산지의 기후와 토양, 품종, 수분함량, 프로세스 등에 따라 각기 다른 색깔을 띤다. 미국스페셜티커피협회에서는 생두의 색상을 파란색blue, 청록색blue-green, 초록색green, 녹색greenish, 황록색yellow-green, 옅은 노란색pale yellow, 노란색yellowish, 갈색brownish으로 구분한다.

이외에 흰색을 띠는 생두whitish는 대부분 수분함량이 낮은 생두이며 주로 패스트 크롭보다 오래된 생두인 올드 크롭old-crop에서 나타난다. 노란색을 띠는 생두yellowish는 배아가 죽거나 미생물의 공격을 받은 생두에서 자주 발견된다.

검은색을 띠는 생두blackish는 생두에 수분이 과도하게 축적됐을 때 나는 생두의 지방과 페놀 성분이 산화했을 때, 혹은 커피나무와 토양의 접촉면에 곰팡이가 생겼을 때 발생한다.
전염병에 걸린 커피나무는 방어기제로 클로로제닉산 함량이 높아져 커피에서 쓴맛이 강하게 느껴지며, 박테리아에 감염된 커피나무는 단백질의 일종인 페놀 성분으로 인해 커피가 화학약품 같은 강력한 페놀 향phenolic을 낸다.

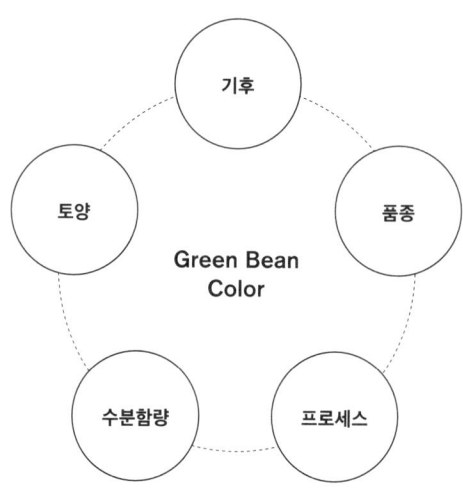

< 생두의 색상을 결정하는 요인 >

< 청록색(blue-green) >   < 녹색(greenish) >

< 황록색(yellow-green) >   < 노란색(yellowish) >

Moisture

수분

생두는 생산된 지 1년 미만인 뉴 크롭일 경우 10~12%의 수분을, 1년 이상 2년 미만인 패스트 크롭일 경우 8~10%의 수분을, 2년 이상인 올드 크롭일 경우 8% 미만의 수분을 가지고 있다. 일반적으로 수분함량이 높은 생두는 색상이 진하고 로스팅이 천천히 이루어지는 반면, 수분함량이 낮은 생두는 색상이 연하고 로스팅이 빠르게 이루어지기 때문에 로스팅을 하기 전에 반드시 수분함량을 확인해야 한다.

유통과정에서 생두를 장기간 보관하면 수분함량이 10% 이하로 줄어들어 유기물질 organic material* 이 손실되고 신선도가 떨어지며 품질에도 부정적인 영향을 주게 되는데, 이때 그레인프로와 진공 포장을 사용하면 생두의 수분 손실을 막아 플레이버를 오랫동안 유지할 수 있다.

---

* 유기물질 organic material : 생두에 들어있는 당, 지방 등의 유기물질.

< 휴지(resting)* 중인 생두의 모습 >

수분함량에 따른 생두의 특징

수분함량	특징
14~15% 이상	전체적으로 진한 녹색이지만 수분 활성water activity*이 높으면 미생물의 공격에 의해 일부가 검정색을 띨 수 있다.
10~12%	수분 활성이 안정적으로 이루어지며 로스팅 결과가 균일하다.
8~9% 이하	색상이 밝고 연하다. 수분함량이 낮기 때문에 로스팅이 너무 빨리 진행되면 원두가 타버릴 위험이 있다.

* **휴지** resting : 수출하기 전 생두를 파치먼트 상태로 보관하는 과정으로, 짧게는 30일에서 길게는 90일 넘게 소요된다. 생두의 수분함량을 유지하는 데 중요한 역할을 하며, 휴지라고도 부른다.
* **수분 활성** water activity : 수분을 구성하는 자유수와 결합수 중 미생물의 생장을 돕는 자유수를 수치로 환산한 것. 식품의 보관기간 및 장소와 관련이 있으며, 수분 활성도의 측정단위인 Aw가 0.6일 때는 곰팡이가 발생하며, Aw 0.8에서는 효모가 활동하고 Aw 0.9에서는 박테리아가 번식한다. 일반적으로 수분함량이 높을수록 수분 활성이 높다.

수분측정기를 이용한 생두 수분 측정

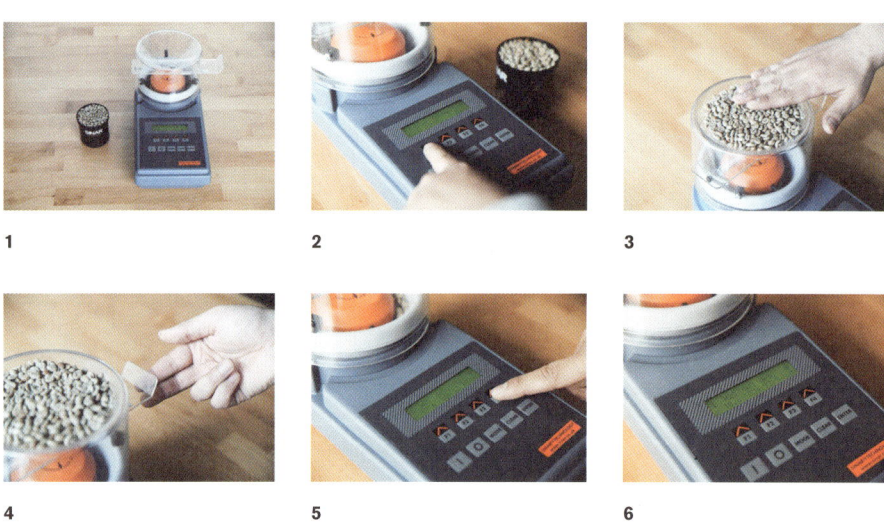

1
2
3

4
5
6

1 생두 10oz(최소 115g)와 수분측정기를 준비한다.

2 그린빈 모드를 선택한다.
  (경우에 따라 로스티드 빈(roasted bean) 모드와 파치먼트 모드를 선택할 수 있다.)

3 준비한 생두를 측정기 위에 붓고 평평하게 다진다.

4 게이트를 안쪽으로 밀어 생두를 측정기 속에 넣는다.

5 F4 버튼을 눌러 데이터를 구한다.

6 위의 과정을 3번 정도 반복해 평균값을 구한다.

[TIP] 생두의 배아와 수분 활성

생두에 수분이 많으면, 즉 수분이 높으면 미생물의 활동이 활발해지면서 품질 저하를 불러온다. 수분함량이 10~12%인 생두는 미생물의 공격으로부터 비교적 안전하지만 14% 이상인 생두는 곰팡이가 생기거나 미생물이 당분을 소화시켜 영양분이 손실될 수 있기 때문이다.

이러한 영양분의 손실은 생두의 배아에도 영향을 미치는데, 영양분이 부족하거나 배아가 죽어버리면 생두의 유기물질이 모두 분해되어 나무 같은 플레이버가 만들어지고 신선도가 떨어진다.

[TIP] 생두 보관법

생두는 프로세스가 끝나고 2개월이 지나면 플레이버가 정점에 달하지만 6개월 후부터 신선도가 떨어지기 시작하며, 1년이 경과한 시점에는 패스트 크롭에서 느낄 수 있는 우디woody한 플레이버가 난다.

생두는 고온에 노출되면 증산작용transpiration 같은 대사활동이 왕성해져 수분함량이 줄어드므로 20℃ 이하의 온도에서 보관해야 한다. 습도는 60% 미만으로 유지하는 것이 좋은데, 습도가 높으면 생두가 수분을 흡수해 수분 활성이 높아지면서 미생물이 증식하기 좋은 환경이 만들어지기 때문이다.

Density

밀도

> ✱ **선 그로운** sun grown : 나무그늘을 사용하지 않고 커피나무를 재배하는 방식으로 주로 브라질에서 볼 수 있는 농법이다. 커피나무 주변의 수분이 햇볕에 의해 빠르게 증발되어 광합성이 잘 일어나지 않으며, 당과 유기산의 생성도 원활하지 못하다. 이로 인해 커피의 캐릭터는 복합성이 떨어지고 플레이버도 뉴트럴한 성향을 띠게 된다.
>
> ✱ **뉴트럴** neutral : 개성이 약한 플레이버를 표현할 때 쓰는 말.
>
> ✱ **셰이드 그로운** shade grown : 나무그늘을 사용하여 커피나무를 재배하는 방식으로 주로 중남미와 아프리카, 아시아에서 볼 수 있는 농법이다. 셰이드 트리(shade tree)가 커피나무 주변의 온도를 낮추고 수분 증발을 막아주기 때문에 광합성이 천천히 이루어진다. 덕분에 더 많은 당과 유기산이 생성되어 커피의 품질이 높아진다.

산지의 환경적 특성은 생두의 밀도를 결정하며 품질에도 큰 영향을 끼친다. 생두의 밀도는 산지의 고도, 기온, 수확시기 등과 상관관계를 가지며, 밀도가 높은 생두일수록 당과 산, 지방을 많이 함유하여 품질이 좋고 아로마가 풍부하다. 일반적으로 결점두는 밀도가 낮기 때문에 밀도에 따라 등급을 분류하기가 한결 용이하다.

일례로 선 그로운sun grown✱ 방식으로 경작하는 브라질 커피는 일조량이 많아 커피나무가 꽃을 피우고 커피체리가 익기까지 6~8개월밖에 걸리지 않는다. 그러나 이러한 경작방식은 커피나무의 성장속도는 빠르지만 재배지의 고도가 낮고 일교차가 작아서 커피체리의 완숙도가 떨어지고 생두의 밀도도 낮기 때문에 플레이버가 뉴트럴neutral✱한 경향이 있다.

한편 셰이드 그로운shade grown✱ 방식으로 경작하는 중남미 커피는 고도가 높고 일교차가 큰 지리적 특성상 커피체리가 익는 데 8~10개월이 소요되며 선 그로운 방식에 비해 상대적으로 일조량이 적기 때문에 커피나무의 성장속도가 브라질 커피보다 2~4개월 정도 느리다. 중남미 커피는 커피체리가 오랜 기간에 걸쳐 서서히 무르익는 만큼 완숙도가 높고 생두의 밀도도 단단하며 플레이버의 개성이 뚜렷하다.

밀도가 높은 생두는 로스팅을 할 때 밀도가 낮은 생두보다 더 많은 열량이 요구되기 때문에 로스팅 시간도 길어진다. 하지만 생두의 밀도차에 의한 로스팅 시간의 차이를 줄이기 위해 너무 강한 화력으로 로스팅을 하면 오히려 티핑tipping(149p 참고)이나 스코칭scorching(148p 참고) 같은 로스팅 디펙트가 발생할 수 있으니 주의해야 한다. 특히 밀도가 낮은 생두로 로스팅을 하는 경우에는 생두 내부까지 열이 빠르게 전달되어 색상이 빨리 변하고 로스팅 시간도 짧아진다는 것을 유념할 필요가 있다.

< 세이드 그로운 커피 >   < 선 그로운 커피 >

생두의 밀도 수치

밀도	수치
낮은(low)	650g/l 이하
중간(medium)	651~700g/l
높은(high)	701~750g/l
매우 높은(very high)	751~800g/l

Size

크기

< 스크린 사이즈를 측정할 때 쓰는 도구인 스크리너(screener) >

스크린 사이즈screen size는 생두의 크기를 분류할 때 사용하는 단위 명칭으로, 스크린 사이즈 1은 1/64인치(0.4mm)에 해당된다. 일반적으로 스크린 사이즈 13~15는 작은 크기로, 16~18은 중간 크기로, 19 이상은 큰 크기로 분류한다.

스크린 사이즈가 일정한 생두는 로스팅 결과가 편차 없이 고른 데 반해, 스크린 사이즈가 일정하지 않은 생두는 크기가 작은 것부터 로스팅되기 때문에 균일한 결과물을 얻기 어렵다.

스크린 사이즈가 일정하다는 말은 가공과정에서 생두를 세심하게 다뤘다는 뜻이기도 하다.

생두 크기별 스크린 사이즈

생두 크기	스크린 사이즈
작은(small)	13~15
중간(medium)	16~18
큰(big)	19 이상

* **클린컵** clean cup : 부정적인 요소가 없는 커피를 표현할 때 쓰는 말로, 커피의 투명성을 뜻한다. 페인트나 페놀 향이 느껴지는 커피는 클린컵 점수가 낮은 것으로 간주한다.

스크린 사이즈에 따른 생산국별 등급 구분

생산국	등급	스크린 사이즈
케냐	AA	18 이상
	A	17~18
	AMEX	클린컵(clean cup)* 판정을 받지 못한 A
	B	16~17
	C	15~16
탄자니아	AAA	19 이상
	AA	18
	A	17
	AB	15~16
	C	14
콜롬비아	Supremo	17
	Excelso	16
	U.G.Q	15~16
	C	14
인도	Plantation AA	17 이상
	Plantation A	16
	Plantation B	15
	Plantation C	14

[TIP] 생두 디펙트

디펙트란 미생물에 의해 오염되거나 해충의 공격을 받아 손상된 생두에서 나타나는 결점으로, 일정량 이상의 디펙트가 생두에 섞여 있을 경우 평소와 다른 플레이버를 느낄 수 있다.
하지만 같은 생두도 역치threshold*가 다르면 누군가는 디펙트라고 느껴도 다른 누군가는 그렇지 않을 수 있다. 따라서 누구나 의심할 여지 없이 디펙트라고 감지할 수 있으려면 생두에 특정한 손상이 있거나 일정 개수 이상의 디펙트가 섞여 있어야 한다.
그러나 디펙트를 분류하는 기준은 산지마다 조금씩 다르기 때문에 주의할 필요가 있다. 한 가지 예로 브라질에서는 땅에 떨어진 커피체리가 발효되거나 곰팡이에 노출됐을 때 유기산의 성분 변화로 인해 발생하는 디펙트를 리오이rioy 또는 리오rio라고 하지만(화학약품이나 요오드 같은 플레이버가 나는 것이 특징이다.)
케냐에서는 커피체리가 땅에 떨어져 곰팡이에 노출된 것을 블랙 빈black bean이라고 부른다.
한편 배기baggy라는 디펙트는 생두가 커피자루에 칠해진 페인트와 접촉할 때 냄새를 흡수(absorbing, 어떤 물질이 다른 물질에 동화되어 본질이 변하거나 사라지는 현상)하면서 발생하는데, 외관상으로는 전혀 문제가 없으므로 놓치는 일이 없도록 주의해야 한다.
생두의 보관상태가 좋지 않거나 장기간 보관하여 유기물질이 감소한 경우 색상이 연해지거나 흰색을 띠게 되며 우디한 플레이버를 내기도 한다.
미국스페셜티커피협회가 출간한 디펙트 핸드북Defect Handbook에서는 디펙트의 종류를 외관상의 손상이나 색상과 형태의 변화에 따라 크게 카테고리1과 카테고리2로 나눴는데, 카테고리1은 생두가 심각하게 손상된 디펙트라 소량으로도 감지할 수 있으며, 카테고리2는 비교적 경미한 수준이기 때문에 손상된 생두가 다량 포함되어 있어야 디펙트를 감지할 수 있다.

* **역치** threshold : 일반적으로 생체가 반응을 일으키는 데 필요한 최소한의 자극을 역치라고 하며, 커피에서는 개인이 느끼는 감각의 세기를 뜻한다. 역치는 주로 감각의 세기를 정량적으로 표현할 때 사용되는데, 인간이 오감으로 느낄 수 있는 최소한의 감각을 검지역치(detection threshold), 종류가 다른 감각의 차이를 분별할 수 있는 최소한의 감각을 인지역치(recognition threshold)라고 부른다.

Process

Part 2

PROCESS

———

프로세스

참신한 프로세스를 개발하기 위한 산지의 노력은 다채로운 커피를 원하는 그린빈 바이어들의 요구를 충족하고 새로운 부가가치를 창출한다. 현재 전 세계 아라비카의 1/3 가량은 내추럴 프로세스로, 나머지 2/3 가량은 워시드 프로세스로 가공되고 있으며, 로부스타는 전체 생산량의 약 95%가 내추럴 프로세스로, 나머지는 워시드 프로세스로 가공되고 있다.

하지만 산지마다 취급하는 품종이 다르고, 같은 품종도 한 가지 가공 방식만 적용하진 않는다. 최근 높은 퀄리티의 워시드 커피로 유명세를 타고 있는 케냐와 콜롬비아도 내추럴 커피와 함께 허니 프로세스 커피를 선보이고 있다.

화려한 입상 경력을 바탕으로 마이크로 랏micro lot*을 생산하는 중미 농장들과 이들에게서 생두를 공급받는 업체들이 속속 등장하는 것은 요즘 트렌드를 잘 반영하고 있다. 대표적인 스페셜티 커피 브랜드인 나인티플러스Ninety Plus, 90+만 봐도 에티오피아의 11개 농장에서 재배한 50여 가지 품종의 커피를 내추럴, 허니, 워시드 등 다양한 방식으로 가공해 판매하고 있다.

* **마이크로 랏** micro lot : 품질이 뛰어난 커피를 생산할 목적으로 별도의 구역에서 특별하게 관리하는 커피. 대다수가 단일품종이며 일반적인 커피보다 풍부한 플레이버를 가지고 있다. 생산량이 매우 적어 상당히 비싼 가격에 거래된다.

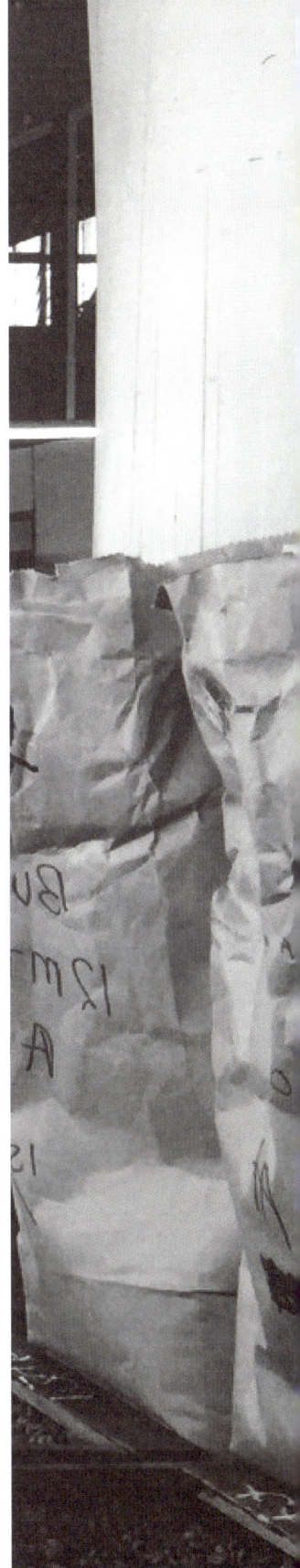

Types of Process

프로세스의 유형

보통 건조한 지역에서는 내추럴 프로세스를, 건기와 우기가 있는 지역에서는 워시드 프로세스를 선호하지만 건기와 우기가 뚜렷하게 나뉘는 중미의 일부 국가와 남미의 콜롬비아, 아시아의 인도네시아 등지에서는 농장들이 그린빈 바이어들의 요청에 의해 내추럴 프로세스나 허니 프로세스를 시도하기도 한다.

주요 커피 생산국의 기후적 특징

건조 기후 Dry Climate	**습윤 기후** Humid Climate
예멘	콜롬비아
에티오피아 서부	인도네시아
멕시코 서부	중미
브라질 남부	하와이

Roasting Craft

< 산지의 생두 샘플 보관함 >

프로세스 진행과정

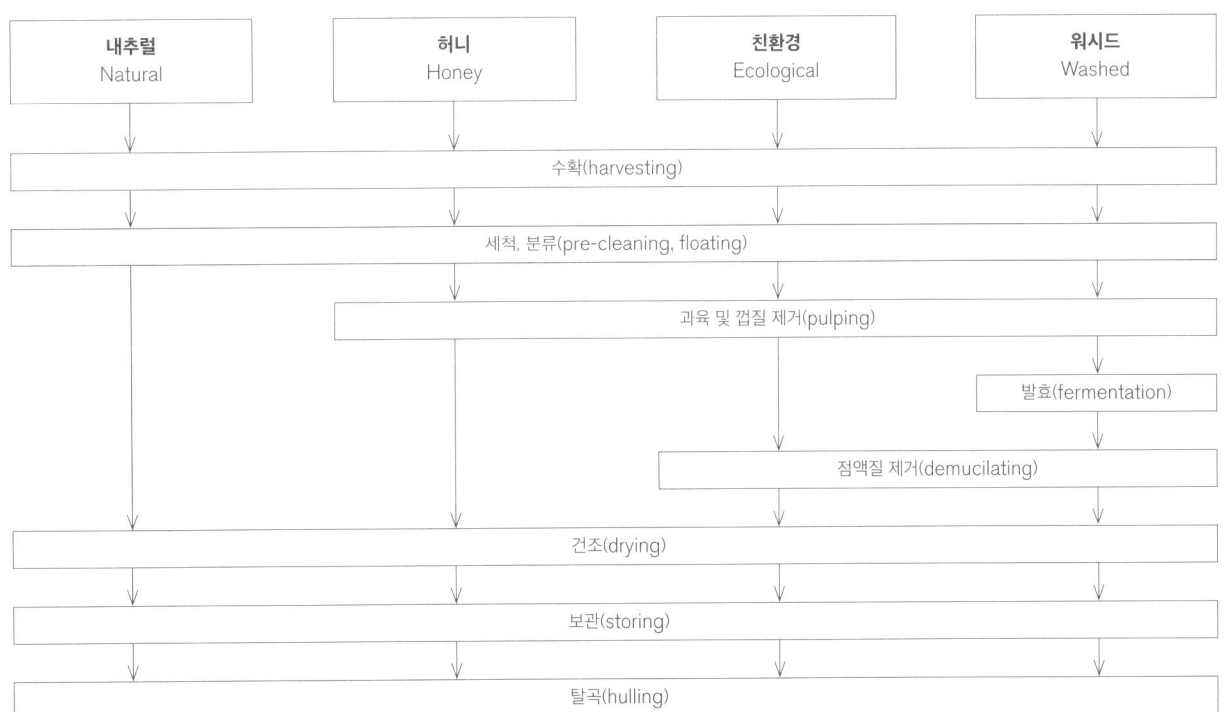

[TIP] 독특한 방식의 프로세스

알마네그라 Alma negra   내추럴 프로세스의 일종으로, 완숙도가 높은 빨간색 커피체리만 골라 세척한 뒤 백에 담아 일주일 정도 햇볕이 들지 않는 그늘에 천천히 건조시킨 다음 다시 꺼내 30일 동안 오전에는 야외에 있는 전용 파티오patio*에서, 햇볕이 강한 오후에는 실내에 마련된 아프리칸 베드African bed*에서 건조시키는 방식이다. 커피체리를 백에 담은 채로 그늘에 보관하기 때문에 발효가 일어나는 과정에서 과육의 당분이 생두에 천천히 흡수되어 당도가 높아진다는 장점이 있다.

더블 워시드 Double washed   워시드 프로세스의 일종으로, 잘 익은 커피체리를 선별하여 펄핑pulping*한 후 물로 씻어 점액질을 제거한 다음 발효탱크에 24시간 담가 두었다가 다시 꺼내 물로 깨끗이 씻고 그늘에 설치한 아프리칸 베드에서 24~28일 동안 천천히 건조시키는 방식이다. 그늘에 말리기 때문에 건조시간이 오래 걸리지만 전체적으로 맛이 깔끔하고 상큼한 산미와 부드러운 단맛이 조화를 이룬다.

* **파티오** patio : 내추럴 프로세스에서 커피체리를 말리거나 워시드 프로세스에서 파치먼트를 말리는 장소로, 타일이나 콘크리트 바닥으로 되어 있다. 다만 콘크리트 바닥은 햇볕에 의해 빠르게 가열되어 품질에 좋지 않은 영향을 줄 수 있으니 너무 뜨거워지지 않도록 자주 뒤집어줘야 한다.

* **아프리칸 베드** African bed : 에티오피아나 케냐에서 커피체리와 파치먼트를 말릴 때 쓰는 건조대로, 이제는 중미나 아시아에서도 어렵지 않게 볼 수 있으며 마이크로 랏 같은 고품질의 커피를 생산할 때도 많이 사용한다. 아프리칸 베드는 통상 지면에서 1m 높이에 나무 소재로 만드는데, 이물질이 섞일 염려가 없고 통풍이 잘되기 때문에 파티오보다 균일한 결과물을 얻을 수 있다.

* **펄핑** pulping : 커피체리의 껍질과 과육을 제거하는 과정으로, 펄핑이 끝나면 점액질이 남아있는 파치먼트가 나온다.

Natural Process

내추럴 프로세스

* **애프터 테이스트** after taste : 커피를 마시고 난 후 입안에 긍정적인 플레이버가 얼마나 오래 머무는지를 평가하는 항목.

Natural Process >

Conditions of Production
생산조건

좋은 품질의 내추럴 커피는 기온이 서늘하고 습도가 낮은 해발 2,000m 이상의 고지대에서 생산된다. 너무 높은 온도에서 커피체리를 건조시키면 작업속도가 지나치게 빨라져 생두의 배아가 일찍 죽고 전반적으로 품질이 떨어지기 때문이다. 또한 커피체리를 습도가 높은 곳에서 너무 느리게 건조시키면 잘못 발효되거나 오랫동안 미생물에 노출되어 과육 상태가 변질될 가능성이 크고, 그만큼 커피 고형분이 줄어들어 클린컵과 애프터 테이스트after taste*가 다소 부족하게 느껴질 수 있다. 따라서 품질이 좋은 내추럴 커피를 얻기 위해서는 커피체리를 일정한 속도로 균일하게 건조시켜야 한다. 내추럴 커피는 건조과정에서 커피체리가 수분을 다시 흡수하지 않도록 관리하는 것이 중요하기 때문에 강수량이 적고 건조한 지역이 생산에 적합하다.

내추럴 커피는 커피체리의 표면이 상처를 많이 입거나 벌레에 의해 손상됐을 경우, 혹은 발육이 덜 됐거나 영양 상태가 나쁠 경우 좋은 평가를 받기 어렵다. 높은 품질의 내추럴 커피는 커피체리의 표면에 상처가 별로 없고 완숙도가 높으며 미완숙한 커피체리보다 무게가 더 나간다. 하지만 이에 대한 명확한 기준이 없는 산지에서는 종종 완숙도가 다른 커피체리를 한데 섞어 내추럴 프로세스로 가공하는데, 이는 생두 전체의 품질을 떨어뜨리는 행위다.

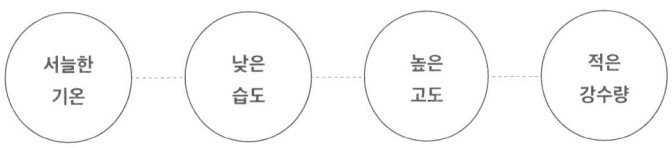

〈 내추럴 커피의 생산조건 〉

〈 아프리칸 베드 〉

Natural Process > **Defect Natural Coffee**
디펙트 내추럴 커피

< 좋은 품질의 내추럴 커피 >

< 나쁜 품질의 내추럴 커피 >

정상적인 내추럴 커피의 단맛은 밝고 깨끗한 반면, 발효과정에서 미생물이 과육의 영양분을 과하게 섭취한 경우에는 생두에 남아있는 당분의 양이 적어 단맛이 줄어들 수 있다.

또한 훌륭한 내추럴 커피는 신선한 과즙의 밝은 산미와 함께 치즈나 향신료 같은 아로마가 느껴지지만 발효가 잘못되면 이러한 산미와 아로마가 날카로운 신맛과 자극적이고 강한 초산이나 곰팡이 냄새로 변하기도 한다.

* **프래그런스** fragrance : 분쇄된 원두의 아로마. 엔지매틱 계열의 아로마가 주를 이룬다.

내추럴 커피의 긍정적 특성과 부정적 특성

	긍정적 특성	부정적 특성
프래그런스(fragrance)*, 아로마(aroma)	말린 과일, 향신료, 치즈, 꼬냑	흙earthy, 곰팡이, 젖은, 양파, 썩은, 악취 나는
산미(acidity)	밝은, 쥬시한juicy, 과일	날카로운, 얼얼한, 식초
산(acid)	초산acetic acid, 젖산lactic acid	프로피온산propionic acid, 부티르산butyric acid
단맛(sweetness)	밝은, 깔끔한	단맛이 낮은, 밋밋한
애프터 테이스트(after taste)	긴 여운	짧은 여운

Natural Process > **Honey Process**
허니 프로세스

허니 프로세스의 유형별 과육 함량과 건조기간

	과육 함량	건조기간
블랙 허니(black honey)	90~100%	22일 이상
레드 허니(red honey)	90~100%	20일
옐로우 허니(yellow honey)	20~50%	18일
화이트 허니(white honey)	0~20%	10일
워시드(washed)	0%	7일
내추럴(natural)	100%	24일 이상

완숙도가 높은 커피체리를 선별하기 위해 수조에 담가 무게별로 분류한 다음, 펄핑 머신pulper으로 껍질을 벗겨내고 과육의 일부만 제거한 상태에서 가공하는 방식이다. 내추럴 커피의 품질을 개선하기 위해 개발된 가공방식으로 브라질에서는 펄프드 내추럴pulped natural이라고 부르지만, 브라질을 제외한 다른 산지에서는 차별성을 부여하고 상품가치를 높이기 위해 허니 프로세스라고 부른다.

콜롬비아와 인도네시아에서는 브라질과 동일한 방식으로 허니 프로세스 커피를 생산하지만, 코스타리카에서는 완숙도를 기준으로 커피체리를 보다 세분화하여 얼마만큼의 과육을 제거할지 결정한 후 허니 프로세스 커피를 생산한다. 블랙black, 레드red, 옐로우yellow, 화이트white 순으로 많은 과육이 남아있다. 과육 함량에 따라 당도는 물론 건조기간도 달라지는데, 과육이 많을수록 작업시간이 길어진다.

< 허니 프로세스의 종류 >

< 비닐하우스 건조 >

내추럴 커피와 허니 프로세스 커피의 향미 특징

	내추럴	허니 프로세스
아로마(aroma)	매우 풍부함	다소 풍부함
산미(acidity)	다소 약함	보통
바디(body)	매우 높고 부드러움	다소 높고 부드러움
단맛(sweetness)	매우 높음	다소 높음

< 파티오 건조 >

Part 2 - PROCESS | 3. Washed Process | 52

Washed Process

워시드 프로세스

Washed Process

Types of Washed Process
워시드 프로세스의 유형

워시드 프로세스에는 크게 3가지 종류가 있다.

첫 번째 전통 방식traditional method은 펄핑 머신으로 커피체리의 껍질과 과육을 벗겨낸 뒤 발효탱크에 넣고 12~24시간 동안 발효시켜 파치먼트에 남아있는 점액질을 제거하는 방법으로, 건식 발효dry fermentation라고도 한다. 공기 중에 노출된 점액질은 미생물과 산소의 산화작용에 의해 발효되는데, 이때 점액질의 50% 정도가 제거된다. 이 과정에서 온도가 높은 부분은 온도가 낮은 부분보다 발효가 더 빨리 진행되므로 물을 계속 공급해서 온도를 일정하게 맞추는 것이 중요하다.

발효가 끝나면 남아있는 점액질을 수로에서 물로 씻어 완전히 제거한다. 세척된 파치먼트는 전용 파티오와 아프리칸 베드에서 말리거나 기계로 건조한다. 전통 방식으로 가공한 커피는 맛이 부드럽고 깔끔하며 높은 단맛과 좋은 산미를 지니고 있다.

두 번째 습식 발효wet fermentation는 펄핑 머신으로 커피체리의 껍질과 과육을 벗겨낸 뒤 발효탱크에 넣고 24~48시간 동안 발효시켜 파치먼트에 남아있는 점액질을 제거하는 방법으로, 풀리 워시드fully washed라고도 한다. 생두가 산소공급이 차단된 차가운

* **기계 건조** : 세척이 끝난 워시드 커피의 수분함량은 약 50%이며, 수분함량이 11~12%가 될 때까지 파티오와 아프리칸 베드에서 자연 건조하거나 기계로 건조시킨다. 기계 건조는 뜨거운 바람을 이용해 파치먼트를 말리는 방식으로, 열풍의 온도가 50℃를 넘으면 생두의 배아가 죽어버려 품질 저하를 가져올 수 있다. 기계 건조는 통상 24~36시간이 소요되며 모든 공정이 끝난 후에는 6~7시간가량 휴식을 취한 뒤 그레인프로나 플라스틱 자루에 담아 파치먼트 상태로 보관한다.

물속에서 천천히 발효되기 때문에 미생물에 의해 과발효될 위험이 적고 결과가 균일하며 품질이 좋다는 장점이 있다. 하지만 건식 발효보다 많은 양의 물을 사용하고 작업시간이 길다는 것이 단점이며, 발효과정에서 다량의 이산화탄소가 발생하여 수면 위에 거품 층이 형성된다. 발효 후에는 남아있는 점액질을 수로에서 물로 완전히 세척하고 전통 방식과 마찬가지로 전용 파티오나 아프리칸 베드, 기계 건조*를 통해 말린다.

마지막으로 친환경 방식ecological method은 펄핑 후에 기계 세척으로 점액질을 말끔히 제거하는 방법으로, 주로 콜롬비아에서 많이 사용한다. 발효탱크에서 이루어지는 발효과정이 생략되어 생두에 화학적 변화가 일어나지 않는다는 것이 가장 큰 특징이며, 세미 워시드semi washed라고도 한다. 물 사용량이 제일 적다는 점에서 친환경적이라는 평가를 받지만 세척과정 중에 배아가 외부 충격을 받으면 품질이 떨어질 수 있기 때문에 주의가 필요하다. 친환경 방식으로 가공한 커피는 카페인과 클로로제닉산에 의해 거칠고 쌉쌀한 맛이 난다.

< 커피체리를 표면에 돌기가 나 있는 드럼에 넣고 회전시켜 껍질과 과육을 벗겨내는 드럼형 펄퍼 >

< 디스크 모양의 날이 회전하면서 커피체리의 껍질과 과육을 깎아내는 디스크형 펄퍼 >

Washed Process > **Effects of Fermentation**
발효의 영향

워시드 커피의 향미 특징

	전통 방식	습식 발효	친환경 방식
아로마	매우 풍부함	다소 풍부함	다소 약함
산미	보통	다소 강함	매우 약함
바디			매우 높음
	다소 높음	보통	
단맛			다소 낮음

대부분의 워시드 커피는 시트러스 계열의 오렌지나 레몬 같은 플레이버를 가지고 있고 당도도 높은 편이지만 발효 여부에 따라 조금씩 차이가 난다. 발효과정에서 미생물에 의해 화학변화를 겪은 생두는 초산과 젖산 같은 유기산을 생성하며 40가지 이상의 새로운 아로마를 만들어낸다. 발효가 높은 온도에서 진행되면 주로 초산이 생성되고, 낮은 온도에서 진행되면 젖산이 생성된다. 젖산은 버터처럼 부드러운 플레이버를, 초산은 말린 과일처럼 새콤달콤한 플레이버를 구성하는 역할을 하지만 발효가 지나치면 오히려 좋은 산미가 줄어들 수 있다.(일부 농장에서는 기술자들이 손에 느껴지는 감각만으로 발효 정도를 파악하기도 한다.)

한편 발효를 하지 않고 바로 껍질과 과육을 벗겨내는 친환경 방식은 발효로 인한 화학적 과정을 생략했기 때문에 무게 감소가 거의 없으며, 유기산 성분도 그대로 유지되어 자몽과 라임 같은 시트러스 계열의 플레이버를 낸다.

커피체리는 당도가 높을수록 미생물의 작용이 활발하며 수질이나 수온 등의 자연조건에 따라 발효속도가 달라지는데, 기온이 높은 곳에서는 12~14시간, 낮은 곳에서는 24~48시간이 소요된다. 또한 커피체리를 발효시키면 카페인과 클로로제닉산이 감소하여 떫은맛과 쓴맛이 줄고 한층 부드러운 맛이 나는 효과가 있다.

Comparative Analysis

비교 분석

커피체리는 과육이 발효되면 생두의 배아가 활성화되어 적정 온도와 습도에서 전분을 당분으로 전환시킨다. 생두의 배아는 항산화 물질인 클로로겐산으로 자신을 보호하며(생두의 클로로겐산 함량은 미완숙한 커피체리일수록 많다. 커피체리의 완숙도가 높으면 배아가 영양분을 흡수할 때 클로로겐산의 방해를 받지 않는다.) 활동할 때는 유기물질의 손실이 적고 일정 기간 동안 품질을 유지하지만, 고온에 노출되거나 미생물의 공격을 받아 죽으면 품질이 나빠진다.

당분은 커피 추출 시 물 속에 녹아들어 바디와 단맛에 영향을 준다. 내추럴 커피는 과육이 남아있는 채로 커피체리를 건조하고 건조기간이 긴 만큼 배아가 전분을 당분으로 전환시키는 시간이 충분해 바디와 단맛이 높으며, 산미는 약하지만 아로마의 스펙트럼이 넓고 긴 여운이 남는다.

그러나 워시드 커피는 과육을 벗겨낸 상태에서 커피체리를 건조하고 건조기간도 내추럴 커피보다 짧기 때문에 배아의 활동기간이 길지 않으며 당도가 상대적으로 더 낮다.
워시드 커피는 섬세한 아로마와 강한 산미에 비해 낮은 단맛과 바디를 지니고 있으며 이러한 커피를 마일드 커피 mild coffee 또는 소프트 커피 soft coffee 라고 부른다.

< 내추럴 커피 >

< 워시드 커피 >

R

Roasting

3

Part 3

ROASTING

로스팅

로스팅이란 생두에 열을 가해 물리적, 화학적 반응을 일으킴으로써 새로운 플레이버를 만들어내는 작업이다. 생두는 원래 단단한 조직으로 이루어져 있지만 로스팅을 하면 수분이 기화되면서 세포구조가 유리화된다. 또한 수증기와 이산화탄소의 압력에 의해 부피가 늘어나고 밀도가 감소하여 쉽게 분쇄grinding할 수 있는 상태가 된다.

로스팅 시 생두는 수분 손실로 인해 무게가 줄어드는 반면 부피가 팽창하면서 다공적인 구조가 되고 표면의 색깔이 점점 진한 갈색으로 변한다. 물리적 변화와 함께 메일라드 반응maillard reaction과 캐러멜화 caramelization 같은 화학적 반응이 일어나며, 이러한 과정을 통해 특정한 플레이버를 구현하게 된다.

What is Roasting

로스팅이란 무엇인가

로스팅은 생각보다 많은 전문지식을 필요로 하는 작업이기 때문에 좋은 로스터가 되기 위해서는 알아야 할 내용이 많다. 좋은 목수가 되고 싶다면 가구가 만들어지는 전 과정을 이해하고 어떤 나무를 사용해서 어떻게 자를 것인지, 못질은 또 어떻게 할 것인지 등을 꼼꼼하게 따져보고 결정해야 하는 것처럼 말이다.
바라던 목수가 되었다고 해도 완성도 높은 가구를 바로 제작할 수는 없기 때문에 손에 상처가 나고 굳은살이 박이더라도 자신의 몫을 해낼 수 있을 때까지 노하우를 길러야 한다. 오랜 시간과 노력을 투자해 목공 기술을 마스터master하는 것이다.

로스팅도 마찬가지다. 로스터로서 최상의 커피를 완성하려면 로스팅 자체는 물론이고 생두가 자란 환경과 품종, 프로세스, 플레이버와 아로마까지 모두 마스터해야 한다.

로스팅 기술roasting craft을 익히는 과정은 마치 두발자전거를 배우는 것과 같다. 네발자전거를 타다 두발자전거를 타면 누구나 처음에는 넘어지고 부딪히기 일쑤지만 꾸준히 연습하다 보면 곧 중심을 잡고 방향도 자유자재로 바꿀 수 있다. 과학적으로 논리정연하게 설명할 수는 없지만 로스팅 역시 그렇게 연습과 시행착오를 통해 경험이 쌓이면 자신이 표현하고 싶은 플레이버가 무엇이고, 이를 위해서는 어떤 생두를 선택해서 어떻게 로스팅해야 하는지 등을 직감적으로 알게 된다.

하지만 아쉽게도 경험을 통해 배우는 것에는 지름길이 없다. 시간이 얼마나 걸릴지도 알 수 없다. 로스터들도 처음에는 로스팅 자체에 매료되어 로스팅을 시작하지만 경력이 쌓이면 로스팅의 본질에 의문을 갖고 쏟아지는 질문과 마주하게 된다. 그런 식으로 로스터로서 알아야 할 것들과 해결해야 할 것들이 하나 둘 쌓여 간다. 그러나 이 모든 질문에 해답은 있어도 정답은 없다. 각자의 경험에 비춰 이해의 폭이 달라질 뿐이다. 예를 들어 브라질 커피에 대해 더 알고 싶은 로스터라면 직접 브라질의 농장을 방문하여 원하는 정보를 얻을 수도 있고, 컨퍼런스에 참가한 관계자들과 함께 브라질 커피를 커핑하며 의견을 교류할 수도 있다.

이처럼 로스터가 경험을 통해 이해의 폭을 넓히면 로스팅을 새로운 관점(물론 여기에는 좋고 나쁨도, 맞고 틀림도 없다.)에서 바라보게 되고, 이는 새로운 이론으로 발전하는 계기가 된다.

로스팅의 요인과 결과

요인	결과
열의 작용	플레이버, 아로마의 발현
물리적 반응	구조, 표면, 무게의 변화
화학적 반응	메일라드 반응, 캐러멜화

Best Roasting
베스트 로스팅

로스터들이 평소에 가장 많이 하는 질문은 아마도 '무엇이 가장 좋은 로스팅인가?'일 것이다. 하지만 사실 로스팅에는 정해진 답이 없다. 각자에게 주어진 환경은 물론, 사용하는 장비와 생두도 전부 다르고, 개인이 생각하는 플레이버의 기준과 역치의 개념을 이해하는 방법이 제각각이기 때문이다.

로스터 개인의 경험과 숙련도뿐 아니라 각자의 로스팅 기술도 다 달라서 동일한 생두와 장비를 사용해도 로스터마다 표현하고자 하는 플레이버가 달라질 수밖에 없다.

로스터들은 자신이 만든 제품을 고객들에게 각인시키기 위해 고유의 스타일과 철학을 가지고 로스팅과 품질평가Quality Control, QC에 임하며, 이러한 다양성은 커피의 개성을 드러내고 품질을 향상시킨다.

What is Roasting > Roasting Variables
로스팅 변수

* **배치 사이즈** batch size : 드럼에 투입되는 생두의 양. 로스팅 용량이라고도 한다.
* **드럼 스피드** drum speed : 드럼의 분당 회전수.
* **에어온도** air temperature : 드럼 안의 온도.
* **빈 온도** bean temperature : 이 책에서는 로스팅 중인 생두의 온도를 편의상 빈 온도라고 지칭한다.
* **슈가 브라우닝** sugar browning : 로스팅 시 발생하는 생두의 갈변현상에 의해 생성된 아로마.
* **드라이 디스틸레이션** dry distillation : 생두의 섬유질이 열에 반응했을 때 생성되는 아로마로 탈수현상에 의해 발생한다.

로스팅 작업을 제대로 수행하기 위해서는 무엇보다 체계적인 시스템을 구축하고 예상되는 변수를 적절히 통제하여 자신의 의도대로 결과를 이끌어내는 것이 중요하다. 시스템이 유기적으로 구성되어 있으면 혹여나 QC 중에 잘못된 결과가 나오더라도 어떤 부분을 어떻게 수정해야 하는지 금방 파악할 수 있고, 동일한 방법으로 생산성을 높일 수 있기 때문이다.

로스터가 알아야 할 로스팅 변수에는 열량과 배치 사이즈batch size*, 드럼 스피드drum speed*, 로스팅 시간, 로스팅 레벨 등이 있으며, 우선 생두에 대한 이해를 바탕으로 그 밖의 변수를 고려해야 한다. 열량은 화력 조절ramping을 통해 조정할 수 있으며 LNG에 비해 LPG가 더 높은 편이다. 생두 1kg을 로스팅하는 데는 최소 1만BTU/h의 열량이 필요하며 열전달은 에어온도air temperature*가 빈 온도bean temperature*보다 높아야 화학반응이 중간에 끊어지거나 흐름이 바뀌지 않고 원활하게 이루어진다. 배치 사이즈가 클수록 전도보다 대류가 차지하는 부분이 크며 로스팅 레벨이 높아질수록 플레이버의 방향이 슈가 브라우닝sugar browning*에서 드라이 디스틸레이션dry distillation*으로 이동한다.

로스팅 변수와 그에 따른 결과

```
              생두 평가 Green bean grading
                          ↓
   드럼 스피드(RPM)              에어온도
   열량(BTU)                    빈 온도
   열전달                       로스팅 레벨
   4분 이내에 40℃로 쿨링          로스팅 시간
                          ↓
            원두 평가 Quality control of roasted bean
```

What is Roasting

Structure of Roaster
로스터의 구조

- **듀얼 드럼** dual drum : 로스터의 드럼이 내부와 외부로 나뉘어 두 겹으로 제작된 것.
- **싱글 드럼** single drum : 로스터의 드럼이 한 겹으로 제작된 것.
- **열풍** : 일본식 표현으로 100% 대류를 사용하는 로스터.
- **반열풍** : 일본식 표현으로 대류와 전도를 둘 다 사용하는 로스터.
- **플루이드 베드** Fluid Bed : 대류의 강한 유속을 이용하는 유동층 로스터.

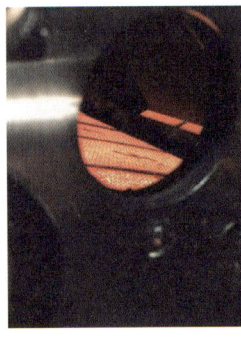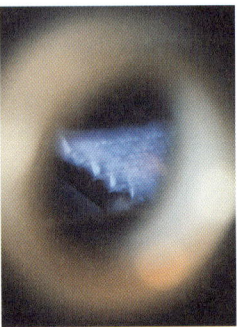

< 램프에는 붉은색과 푸른색 두 종류가 있다. >

바리스타들이 커피 추출을 말할 때 꼭 거론하는 것 중 하나가 에스프레소 머신의 구조다. 보일러 방식이 단일형인지 독립형인지, 가변압이 가능한지 불가능한지, 인퓨전infusion 기능이 있는지 없는지 등에 따라 같은 커피를 사용해도 전혀 다른 플레이버가 나기 때문이다.

그러나 로스터들에게 로스터의 구조를 얼마나 이해하고 있는지 물으면 많은 이들이 듀얼 드럼dual drum*과 싱글 드럼single drum*, 열풍*과 반열풍* 등을 화제로 삼지만 열원의 기본적인 특성이나 열량의 비율에 대해서는 별다른 이야기가 없다.

이러한 이유로 미국 로스터스 길드Roaster's Guild에서는 생두 2.72kg를 각각 에어로 로스팅Aero-Roasting과 적외선 램프Infrared-Lamp, 환경 램프Environment-Lamp로 로스팅한 후 블라인드 커핑을 진행한 적이 있었는데, 흔히 플루이드 베드Fluid Bed* 로스터로 알려진 에어로 로스터는 100% 대류를 사용하여 산미가 강하고 바디가 낮은 결과물이 나왔다.

적외선 램프 로스터는 불꽃이 붉은 세라믹 버너가 장착되어 있으며 이 방식으로 로스팅한 결과물은 밸런스가 좋다는 평가를 받는다.

마지막으로 가장 대중적인 방식인 환경 램프 로스터는 불꽃이
푸르다는 것이 특징이다. 이 방식으로 로스팅한 결과물은 대체로
산미가 약하고 바디가 높다.

이렇듯 로스팅은 로스터의 구조에 따라 결과물이 달라지기 때문에
열전달 방식을 이해하면 플레이버를 원하는 대로 조절할 수 있다.
산미와 아로마를 살리고 싶다면 에어로 로스팅 방식을, 안정적인
균형감과 부담 없는 맛을 원한다면 적외선 램프 방식을, 바디와
단맛을 집중적으로 표현하고 싶다면 환경 램프 방식을 권하고 싶다.

열량의 비율은 로스터마다 다르기 때문에 자신이 사용하는 기종의
특성을 이해하고 이를 로스팅에 적용할 필요가 있다. 보통 대류의
비중이 전도보다 큰 모델은 열이 생두 전체에 골고루 전달되어
결과물의 완성도도 높은 편이다.

이처럼 로스터의 세부정보를 많이 알면 알수록 결과물의 완성도를
효과적으로 높일 수 있다.

Heat Transmission and Physical&Chemical Reaction

열전달과 물리적&화학적 반응

로스팅에는 수많은 변수가 작용하므로
어쩌면 우리는 로스팅에 대해 아는 것보다 모르는 것이
더 많을 수 있다. 특히 메일라드 반응과 캐러멜화 같은
화학반응은 하나씩 차례대로 일어나는 것이 아니라
연쇄적으로 발생하는 것이기 때문에 대략적인 진행과정은
예상할 수 있어도 현상 자체를 직접 통제하는 것은
불가능하다. 애초에 완벽한 로스팅이라는 것이 없는 이유도
이 때문이다.

예를 들어 로스팅에서 가장 중요한 화학반응인 메일라드 반응과 캐러멜화는 빈 온도가 각각 154℃와 160~200℃에 도달했을 때 나타나는데, 문제는 생두를 구성하는 2천여 개의 물질 중 절반가량이 무게가 가벼운 휘발성분이라 컨트롤하기 매우 어렵다는 것이다. 또한 생두의 성분비가 0.1%만 바뀌어도 전혀 다른 화학반응이 발생하기 때문에 추후 센서리 평가에 상당한 영향을 줄 수 있다.

다시 말해 화학반응에 관여하는 모든 변수를 파악하기란 사실상 불가능하고 여기에는 명확한 파라미터parameter도 존재하지 않는다는 얘기다. 하지만 생두는 특정 온도에 도달하면 화학반응이 연쇄적으로 일어나기 때문에 그 순서를 정확히 알고 있는 로스터라면 나름의 직관과 통찰력으로 플레이버를 어느 정도 조절할 수 있을 것이다. 화학반응이 진행되는 속도는 생두에 전달되는 열의 흐름에 따라 달라지므로 로스터는 스스로 설정한 로스팅의 목적과 목표에 맞게 결과를 미리 구상해놓고 생두에 열을 얼마나 어떻게 가할 것인지 정하면 된다.

Heat Transmission and Physical&Chemical Reaction

Heat
열

물리적 에너지의 일종인 열은 수치로 측정이 가능하며 열에너지의 총량인 열량은 온도에 비례한다. 로스팅에서 열은 플레이버의 변화에 주도적인 역할을 하기 때문에 열을 이해하는 것은 로스팅 결과를 향상시키는 것과 직결된다고 할 수 있다. 어떤 생두든 200~240℃의 열을 가하면 로스팅되지만 열을 효율적으로 전달하기 위해서는 로스터가 계획한 시간 안에 어떤 종류의 열을 어떻게 적용할 것인지 고민해야 한다. 로스팅에 적용되는 열은 크게 전도, 대류, 복사로 나뉘며, 이 세 가지 열의 구도를 배치하는 방법은 전적으로 로스터의 경험과 직관에 달려 있다.

로스팅을 하는 동안 생두에는 여러 유형의 열전달이 이루어지며, 이때 전도, 대류, 복사가 서로 다른 역할을 수행하게 된다. 또한 열에 의해 생두의 유기물질이 분해되기 시작하는데, 이는 로스팅에 사용되는 열의 종류에 따라 다른 속도로 진행되며 플레이버에도 적지 않은 영향을 미친다.

전도, 대류, 복사의 비율은 로스터 기종마다 다르다. 대류의 비중이 높은 플루이드 베드 로스터는 로스팅 시간이 전체적으로 매우 짧기 때문에 생두가 쉽게 팽창하며 그만큼 원두를 분쇄해서 커피로 추출했을 때 물과 접촉하는 표면적이 커서 추출수율*이 높게 나온다. 가장 일반적인 형태인 드럼 로스터의 경우 로스팅 초반에는 주로 전도를 많이 사용하지만 터닝 포인트 이후에는 점점 대류의 비중이 늘어나고 복사의 비중은 줄어든다.

---

* **추출수율** : 커피를 추출했을 때 원두에서 이동한 커피 고형분의 무게를 나타낸 수치. 예를 들어 커피 20g의 추출수율이 20%라는 것은 커피 추출 시 원두에서 4g의 커피 고형분이 이동했다는 얘기다.

로스팅 시 생두는 높은 온도에 노출되어 급진적인 성분 변화가 나타난다. 생두의 수분 증발과 부피 팽창이 어떤 템포로 이루어지는지는 열전달 속도와 강도, 즉 로스팅 진행과정에 의해 좌우되는데, 로스팅 온도가 높고 로스팅 시간이 짧으면High Temperature Short Time, HTST 화학반응이 빠르게 일어나고 내부 압력도 급격히 상승하지만, 로스팅 온도가 낮고 로스팅 시간이 길면Low Temperature, Long Time, LTLT 화학반응이 느리게 일어나고 내부 압력도 천천히 상승한다.

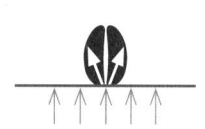
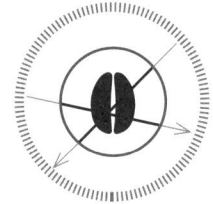

Conduction
전도

Convection
대류

Radiation
복사

〈 열의 종류별 열전달 방식 〉

Roasting Craft

* **Excessive Roasting** : 생두의 양에 비해 열량을 과도하게 공급한 로스팅.

로스팅 온도와 시간에 따른 로스팅 프로파일의 변화

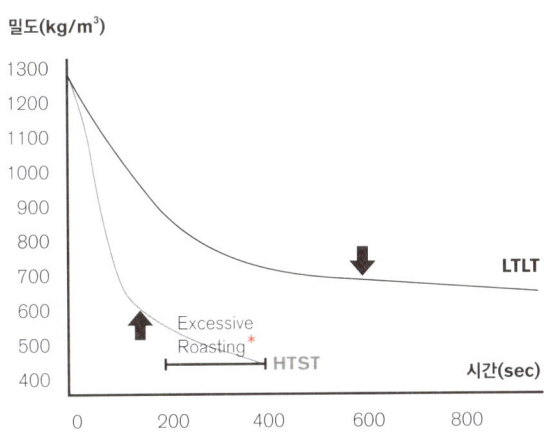

HTST 로스팅은 LTLT 로스팅보다 밀도가 큰 폭으로 빠르게 감소한다.

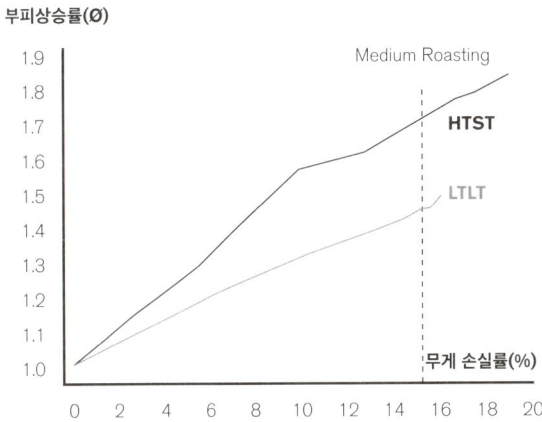

HTST 로스팅은 LTLT 로스팅보다 부피가 큰 폭으로 빠르게 증가한다.

HTST	산미 증가	바디 증가	쓴맛 감소	부피 증가	추출수율 증가	커피 고형분 증가
LTLT	산미 감소	바디 감소	쓴맛 증가	부피 감소	추출수율 감소	커피 고형분 감소

* **아그트론 넘버** agtron number : 적외선을 이용해 커피의 당 성분이 일으키는 화학반응을 측정하는 광학기구인 아그트론은 아그트론 넘버를 통해 원두의 색상을 수치로 나타낸다. 대다수의 사람이 미국스페셜티커피협회가 제시한 기준으로 아그트론 넘버를 매긴다.

CONDUCTIVE HEAT 전도열

전도는 온도가 높은 물체와 낮은 물체 사이의 전도체를 통해 열이 전달되는 방식이다. 로스팅에서는 온도가 낮은 생두가 드럼처럼 온도가 높은 요소와 접촉했을 때나 서로 다른 온도의 생두들이 접촉했을 때 수분을 매개로 한 열전달이 이루어진다.

전도는 열을 효과적으로 전달하지만 진행속도가 느려서 열이 특정 부분에 과도하게 가해질 수 있고, 또 열전달이 접촉지점에 한해 제한적으로 이루어지기 때문에 로스터의 교반이 원활하지 않은 경우 생두와 드럼의 접촉시간이 지나치게 길어져 스코칭 같은 손상을 입을 수 있다.

버너가 제대로 연소되지 않는 경우에도 비슷한 일이 발생해 결과물의 색상이 균일하지 않거나 부분적으로 타게 된다. 전도의 비율이 너무 높거나 버너의 연소가 잘 일어나지 않으면 좋은 결과를 얻기가 어려워지는 것이다.

배치 사이즈가 60kg 이하인 로스터는 드럼의 분당 회전수가 적정 수치인 45~60보다 높으면 원심력에 의해 드럼과 생두의 접촉시간이 필요 이상으로 늘어나 로스팅 디펙트의 원인이 될 수 있고, 반대로 드럼 스피드가 너무 느리면 생두가 골고루 섞이지 않아 균일성이 떨어질 수 있다.

CONVECTION HEAT 대류열

가열된 기체나 액체가 순환하며 열을 전달하는 것을 대류라고 한다. 로스팅 시 버너의 전원을 켜면 주변의 공기가 열을 흡수하여 드럼 내부의 온도가 상승하고, 드럼에 투입된 생두는 드럼과 함께 회전하는 동안 중력에 의해 아래로 떨어지면서 배기의 흐름을 따라 위로 이동하는 공기와 만나게 된다. 이처럼 대류를 사용하는 로스팅은 생두가 뜨거운 기체에 360도로 둘러 쌓여 있기 때문에 열이 생두 전체에 빠르고 지속적으로 전달된다.

대류는 로스팅에서 차지하는 비중이 가장 크며, 뜨거운 기체와 생두가 밀접하게 접촉되기 때문에 열이 한층 더 효율적으로 전달되고 로스팅 결과도 균일하다. 하지만 대류를 100% 가까이 사용하는 플루이드 베드 로스터는 간혹 로스팅 속도가 너무 빨라 진행과정을 컨트롤하기 어렵고, 로스팅 레벨이 높을수록 원두를 분쇄하기 전과 후의 아그트론 넘버 agtron number*가 큰 차이를 보이는 경향이 있다.

RADIANT HEAT 복사열

복사는 전도나 대류와 달리 매개체 없이도 열이 전달되는 방식이며, 로스팅에서는 가열된 생두나 드럼 등의 요소가 적외복사를 발산한다. 로스팅 시 복사는 빈 온도가 균형을 맞출 때까지 특정 온도의 물체에서 그보다 낮은 온도의 물체로 열을 계속 전달한다. 복사는 다각도로 열을 가해 생두를 안팎으로 고르게 익히지만 사실 로스팅에서 복사가 차지하는 비중은 가장 적다. 복사의 비율을 높이는 좋은 방법은 배치 사이즈를 키우는 것이다.

UNDERSTANDING HEAT 열의 이해

이 세 가지 열은 로스팅 프로파일과 직결되는 부분이지만 기본적으로 열은 정량화하기 어렵기 때문에 로스팅에 매번 일정하게 적용할 수 없다.

또한 한 가지 열만 사용해서는 좋은 결과를 얻기가 쉽지 않은데, 전도를 너무 많이 사용하면 플레이버가 자극적으로 변하고, 대류의 비율이 지나치게 높으면 로스팅이 역동적으로 진행되어 날카로운 맛이 나기 때문이다. 복사의 영향력은 전도나 대류에 비해 미미한 수준이다.

따라서 이러한 열의 상호 보완적인 관계를 로스터가 어떻게 조절할 것인가는 매우 중요한 문제가 된다.

전도, 대류, 복사의 열전달 방식은 유사해 보이지만 질적인 면에서 차이가 있다. 생두 표면에 열을 전달하는 것은 가열된 기체의 대류이며, 각 세포들에는 액체인 수분을 매개로 전도를 통해 열을 전달한다.

로스팅이 끝난 후 원두의 겉과 속을 비교해 보면 열이 내부와 외부에 각각 다른 발달단계를 거쳐 도달하는 것을 알 수 있다.

로스팅에서 균일한 결과를 얻으려면 적절한 교반을 통해 생두에 다각도로 열을 가해야 한다. 하지만 생두는 산지와 품종에 따라 크기나 모양, 밀도, 수분함량 등이 제각각이기 때문에 외부에서 내부로 열이 전달되는 과정도 전부 다르다. 열을 고르게 가하는 것은 배치 사이즈가 커질수록 더욱 어려워진다. 그러므로 로스팅 프로파일을 구축할 때는 로스터가 원하는 맛을 기준으로 어느 부분에서 어떻게 열을 전달할 것인지 정하고 각 단계마다 필요한 열량을 충분히 공급해주는 것이 좋다.

또한 로스터마다 각각의 열이 차지하는 비율이 다르기 때문에 자신이 사용하는 기종의 특성을 알고 있어야 한다. 실제로 대류의 비율이 높은 로스터와 그렇지 않은 로스터에 동일한 프로파일을 적용해 보면 같은 생두라도 전혀 다른 결과물이 나올 수 있다.

훌륭한 화가는 오랜 경험을 통해 색에 대한 이해도를 높인 후 이를 바탕으로 새로운 색을 만들어낸다. 일반인들은 녹색을 보고 파란색과 노란색이 혼합된 색이라는 것을 바로 인지하지 못하지만 화가는 녹색에서 노란색이 비중이 커지면 라임색이 되고 파란색의 비중이 커지면 카키색이 된다는 사실을 안다. 이런 식으로 열을 이해하면 로스터가 전도, 대류, 복사에 접근하는 방법을 어렵지 않게 체득할 수 있을 것이다.

열전달에 따른 생두의 변화

열전달	열전달은 생두 외부에서 내부로 진행된다.
질량 이동	휘발성 화합물의 질량은 내부에서 외부로 이동한다.
온도차	로스팅 초반에는 생두 외부와 내부의 온도차가 50℃ 안팎이지만 빈 온도가 약 150℃에 이르면 생두 외부와 내부의 온도차가 서서히 줄어든다.
로스팅 시간	로스팅 시간이 짧을수록 생두 외부와 내부의 온도차가 크다.

[TIP] 배기의 흐름과 열량

로스터는 로스팅 시 드럼에 유입되는 공기의 흐름과 열량을 조절하기 위해 배기관에 장착되어 있는 댐퍼를 조작한다.

드럼에 유입되는 열량은 보통 배기관을 통해 밖으로 빠져나가는데, 댐퍼를 너무 많이 닫으면 배출량이 줄어들어 불필요한 열량이 드럼 내부에 남아있게 되고 그 결과 로스팅 시간이 짧아지거나 결과물이 오버over(153p 참고) 로스팅될 수 있다. 반대로 댐퍼를 너무 많이 열면 배출량이 늘어나 드럼 내부의 열량이 부족해지면서 로스팅 시간이 길어지거나 베이크드baked(151p 참고)한 결과물이 나올 수 있다.

또한 기온이 영하로 떨어지는 한겨울의 로스팅 열량 값을 무더운 여름에 동일하게 적용하면 드럼 내부의 열량이 높아져 로스팅 시간이 짧아지게 된다. 마찬가지로 한여름의 로스팅 열량 값을 추운 겨울에도 똑같이 유지하면 드럼 내부의 열량이 낮아져 로스팅 시간이 길어지게 된다. 댐퍼 조작이 필요한 것도 이러한 문제를 해결하기 위해서다.

다만 댐퍼는 기종마다 차이가 있어 매 순간 배기 상태를 감각으로 확인해 댐퍼를 조작할 수 있는 로스터가 있는가 하면, 배기압력이 아예 고정되어 있어 자동으로 댐퍼를 조작하는 로스터도 있다.

프로밧 프로바티노Probat Probatino의 경우 댐퍼에 1부터 10까지 눈금이 표기되어 있으며 보통은 중간 값인 5로 설정되어 있다. 따라서 로스팅 시간이 예상보다 짧다면 숫자가 큰 쪽으로 눈금을 살짝 옮겨서 댐퍼를 조금 더 열어주면 된다.

Heat Transmission and Physical&Chemical Reaction

Physical Reaction
물리적 반응

로스팅 과정에서 일어나는 물리적 반응은 생두의 색상, 부피, 모양, 무게 등이 변하는 현상을 통해 쉽게 관측할 수 있으며, 이러한 변화가 발생하는 시간과 온도 측정이 가능하다.

다음의 내용을 습득하고 나면 다양한 로스팅 프로파일을 보다 명확하게 설명할 수 있을 것이다.

※ **셀룰로오스** cellulose : 자연계에 가장 많이 존재하는 유기화합물로 섬유소라고도 한다. 식물 세포벽의 기본구조를 이루며 모든 식물성 물질의 30% 이상을 구성한다.

STRUCTURE 구조

생두는 약 100만 개의 단일세포가 밀집된 형태를 이루고 있으며, 둥글게 말려 있는 중앙부를 외부층과 내부층이 둘러싸고 있다. 이러한 구조로 인해 생두는 표면적에 따라 열을 흡수하는 정도가 다르며, 똑같은 열을 가해도 외부층과 내부층의 익는 정도에 차이가 난다. 또한 열은 생두 바깥에서 안으로 전달되기 때문에 색상도 내부층이 외부층보다 밝다.

특히 품질이 좋고 단단한 생두는 세포구조의 밀도가 높아 외부의 열을 내부로 전달하기가 더 어렵다. 생두를 구성하는 성분인 셀룰로오스cellulose*는 열에 저항하는 힘이 크기 때문에 열전도율이 낮을 수밖에 없고, 오직 탄화를 통해서만 성분비가 감소하기 때문에 열전달 속도를 올리는 데도 한계가 있다. 하지만 그렇다고 너무 많은 열량을 공급하면 원두가 겉에 비해 속이 덜 익거나 표면이 타버리는 등 로스팅 디펙트의 원인이 될 수 있다.

반대로 너무 적은 열량을 공급해도 문제는 발생한다. 생두 내부에 열이 깊숙이 침투되지 않으면 전체적으로 로스팅 시간이 길어지면서 베이크드 같은 로스팅 디펙트를 일으킬 수 있기 때문이다.

〈 밀도가 높은 생두를 로스팅한 경우 〉   〈 밀도가 낮은 생두를 로스팅한 경우 〉

따라서 로스팅을 할 때는 적절한 열조절을 통해 원두가 타지 않도록 하는 것이 무엇보다 중요하다. 수분함량이 적을수록 원두가 탈 확률이 높다는 것도 명심해야 한다. 수분함량이 적은 생두는 수분함량이 많은 생두보다 화학적 변화가 빨리 나타나며 수분이 금방 손실되고 열전달도 빠르게 진행된다. 결과적으로 로스팅에 가속이 붙고 생두의 세포구조가 약해지면서 더 많은 열이 침투되고 조직도 파괴된다.

* **공극면** : 생두가 지니고 있는 수분과 가스를 외부로 내보내는 표면의 균열.

* **유리화** : 단단한 물질이 외부 요인에 의해 부드러워지는 것. 생두는 100℃를 기준으로 조직이 팽창한다.

* **옐로우** Yellow : 생두는 로스팅을 하면 수분이 제거되고 엽록소가 파괴되면서 노란색 색소인 엽황소가 모습을 드러내게 되는데, 이 과정에서 생두의 색깔이 변하는 것을 옐로우라고 한다.

EXPANSION 팽창

본래 커피나무 열매의 씨앗인 생두는 배아가 발아하는 데 필요한 물과 영양분을 흡수하는 모공이 표면에 분포돼 있으며, 이는 로스팅 시 외부의 열을 내부로 전달하는 통로 역할을 한다. 생두는 로스팅을 하면 드럼 내부에 높은 온도가 조성되어 열을 흡수하다가 수증기와 이산화탄소를 배출하면서 표면의 모공이 커지고 세포구조가 확장된다.

이 과정에서 생두는 부피가 늘어나고 조직이 다공화된다. 생두의 팽창속도는 조직의 밀도와 드럼 내부의 압력에 따라 달라지는데, 드럼 안의 온도가 높을수록 다공화된 조직 속에 열과 가스가 가득 채워져 생두가 빠른 속도로 팽창하고 단열기능이 강화되기도 한다. 생두는 중심부로 갈수록 온도가 낮아지기 때문에 열이 계속해서 안쪽으로 이동하게 된다.

생두는 이산화탄소와 같은 가스를 많이 방출하면 할수록 부피가 증가하고 세포구조가 약해지며, 나중에는 표면에 공극면*이 생겨 팽창을 지속하다 크랙crack으로 이어지게 된다.

생두는 세포구조가 유리화*되면 부피가 50~100%까지 팽창하는 속성이 있지만 이렇게 되면 밀도는 상대적으로 줄어들게 된다.

MOISTURE 수분

생두의 수분은 표면에 자유롭게 자리 잡은 자유수와 각 세포들과 결합된 결합수로 크게 나뉜다. 생두의 외부 온도가 100℃를 넘으면 자유수가 증발되기 시작하지만 남아있는 자유수의 일부가 원두를 타지 않게 보호해주는 동시에 열을 내부로 전달하는 우수한 전도체 역할을 한다. 생두는 수분이 빠르게 증발할수록 수증기에 의해 내부 압력이 높아져 세포구조가 약해지고 부피가 늘어나게 된다. 수분 증발과 부피 변화는 서로 상관관계가 있으며, 이는 열전달 속도와 강도에 따라 달라진다.

수분이 많은 생두는 그만큼 온도 상승에 방해를 받기 때문에 더 많은 열량이 요구되며, 반대로 수분이 적은 생두는 적은 열량으로도 금방 온도를 상승시킬 수 있어서 화력이 너무 강하면 표면이 타버릴 위험이 있다. 생두는 보통 11~12%의 수분을 가지고 있는데 로스팅을 하면 1%대까지 줄어들 수도 있다. 로스팅을 할 때 빈 온도가 100℃를 넘으면 수분이 기화되기 시작해 옐로우Yellow*에 이르러서는 대부분의 수분을 잃어버리며 1차 크랙1st Crack에 가서는 수분함량이 1.8%대까지 떨어지게 된다.

생산된 지 2년 이상인 올드 크롭은 8% 이하, 1년 이상 2년 미만인 패스트 크롭은 9~10%, 1년 미만인 뉴 크롭은 11~12%의 수분을 함유하고 있다. 따라서 로스터는 수분함량이 높은 커피를 로스팅할 때는 수분함량이 낮은 커피보다 더 많은 열량을 공급하고, 화력조절은 조금씩 천천히 해야 한다. 열을 한꺼번에 너무 많이 가하면 원두 밖으로 뜨거운 수증기가 배출되어 일부가 검은색으로 변하는 티핑이 나타날 수 있기 때문이다.

로스팅 진행과정에 따른 생두 수분함량의 변화

로스팅 진행과정	에티오피아 코카나	브라질 산토스
생두(green bean)	9.9%	9.6%
옐로우(yellow)	2.9%	2.5%
1차 크랙(1st crack)	2.1%	1.8%
라이트(light)	1.5%	1.4%
미디엄(medium)	1.4%	1.4%
미디엄 다크(medium dark)	1.4%	1.3%

* **열분해** pyrolysis : 가열 시 열의 작용에 의해 일어나는 분해반응.

[TIP] 생두의 수분함량이 로스팅에 미치는 영향

보관장소의 습도에 따라 차이가 있긴 하지만 생두는 대체로 8~12%의 수분을, 원두는 1%대의 수분을 가지고 있으며, 이를 통해 생두의 무게가 어떻게 변화하는지를 알 수 있다.
로스팅 중에 일어나는 생두의 수분 손실은 중량 감소로 이어져 무게가 12~24% 정도 줄어들게 된다. 특히 1차 크랙에서 생두는 증기압의 발생과 캐러멜화에 의한 열분해pyrolysis*로 인해 수분이 손실되어 열전도율이 낮아진다. 그러나 생두는 로스팅이 계속 진행됨에 따라 내부의 온도와 압력이 높아지고 열을 발산하는 발화점에 가까워지면 조직이 무른 부분을 중심으로 연소되기 시작한다. 2차 크랙2nd Crack을 일으키는 요인인 이산화탄소의 방출도 이 시점을 기점으로 더욱 활발해지는데, 이를 두고 불꽃이 없는 연소과정에 들어간다고 표현한다.

DENSITY 밀도

로스터들은 생두가 지닌 고유의 특성을 잘 표현하기 위해 로스팅에 앞서 자신만의 기준을 가지고 생두를 분류한다. 생두를 품종과 산지, 프로세스 등으로 구분하거나 밀도를 기준으로 소프트 빈soft bean 또는 하드 빈hard bean으로 나누어 로스팅 시 투입온도를 다르게 하고, 구간별로 열전달 방식을 바꾸기도 한다. 밀도가 낮은 소프트 빈은 밀도가 높은 하드 빈보다 적은 열량이 필요하고 로스팅 시간도 짧다.

밀도는 부피당 무게를 뜻한다. 생두는 무게가 무거울수록 지방, 탄수화물, 미네랄, 당, 아미노산 등의 유기물질이 많이 포함되어 있으며 품질도 더 좋다. 유기물질 함량이 높은 생두일수록 로스팅을 할 때 더 많은 열량을 필요로 한다. 생두의 밀도에 따라 열용량(열량을 수용할 수 있는 능력)이 다르다는 건 빈 온도가 1℃ 상승하는 데 필요한 열량이 생두마다 다르다는 이야기인데, 이를 토대로 생두를 분류하면 밀도가 로스팅의 파라미터로 활용될 수도 있다.

로스터는 생두의 밀도를 고려해 투입온도와 열량, 로스팅 시간, 로스팅 레벨 등을 결정할 수 있다. 일반적으로 밀도가 높은 생두는 온도를 설정할 수 있는 범위가 넓으며, 밀도가 낮은 생두는 미디엄에서 미디엄 다크로 로스팅하면 일부가 타버릴 수 있기 때문에 로스팅 레벨을 라이트에서 미디엄 사이로 유지하는 것이 좋다.

생두의 밀도는 스크린 사이즈와도 연관이 있는데, 스크린 사이즈가 큰 생두는 대부분 밀도가 낮아서 열량을 적용할 수 있는 폭에 한계가 있다. 같은 품종이라도 스크린 사이즈가 크거나 여러 가지 스크린 사이즈가 섞여 있는 생두는 구매를 유보하거나 다른 방법을 찾는 것이 바람직하다.

OIL 오일

생두에 포함된 고체 상태의 지방과 액체 상태의 오일은 전체 중량의 8~15%를 차지하며 흔히 커피오일coffee oil이라고 한다. 커피오일에는 커피의 방향족 화합물aromatic compounds이 농축돼 있으며 실제 커피로 추출했을 때는 0.1~0.8% 정도로 소량만 물 속에 녹아든다.
하지만 로스팅을 한다고 해서 이러한 성분이 열에 의해 변하진 않으며 단지 로스팅 레벨이 높아짐에 따라 눈에 보일 정도로 표면에 드러날 뿐이다.

로스팅 시 빈 온도가 170℃에 도달하면 휘발성 오일이 생성되는 화학반응이 일어나고, 생두의 단백질에 고체 상태로 들어있던 지방은 2차 크랙 이후에 열분해를 거쳐 밖으로 흘러나온다.
대부분의 로스터들은 커피오일을 다크 로스팅을 판단하는 기준으로 삼는다. 라이트 로스팅은 생두 세포구조의 손상 정도가 적기 때문에 커피오일이 내부에 계속 머물러 있으며 외부로 나오기까지 오랜 시간이 걸린다.

그러나 고온에서 강한 화력으로 패스트 로스팅fast roasting을 할 경우에는 생두의 세포구조가 빠르게 파괴되어 로스팅 레벨은 라이트지만 커피오일의 배출은 가속화된다.

Heat Transmission and Physical&Chemical Reaction

Chemical Reaction
화학적 반응

현재까지 커피에서 약 1,000개가 넘는 화합물이 발견됨에 따라 커피의 화학적 구성에 대한 접근방식이 다양해졌고 플레이버를 보다 섬세하게 조절할 수 있게 되었다.
산지나 품종, 프로세스 등에 따라 생두가 가지는 플레이버의 차이도 실은 화합물의 성분비에서 비롯된 것이다.

원두의 화합물 성분비는 로스팅 프로파일에 따라 달라지기 때문에 단순히 생두를 높은 온도에서 로스팅하면 손실이 많고, 낮은 온도에서 로스팅하면 손실이 적다고 단정하긴 어렵다. 생두를 낮은 온도에서 오래 로스팅하면 상대적으로 로스팅 시간이 길어져 열분해가 더 오랫동안 진행되고, 그 결과 원두의 화합물 손실과 성분비 차이가 커지기 때문이다.

로스팅 온도와 시간이 화합물의 성분비를 어떻게 바꾸는지 알면 로스팅 프로세스를 이해하는 데 많은 도움이 된다.

로스팅을 할 때 생기는 화학반응을 로스터가 임의로 바꿀 순 없지만 다양한 로스팅 프로파일을 시도해 보며 흐름을 조절할 수는 있다. 로스팅에서 화학반응이 일어나는 시점은 생두의 색상 변화와 향, 소리 등으로 감지할 수 있으며, 대표적으로 옐로우와 1차 크랙, 2차 크랙, 커피오일이 있다.

로스팅에서 가장 중요한 화학반응에는 메일라드 반응과 캐러멜화가 있으며, 로스터는 이러한 일련의 화학적 변화를 유기적으로 이해하고 알맞은 타이밍에 적절히 대처할 줄 알아야 한다.

생두의 화학적 반응에 의해 생성되는 아로마와 플레이버

아로마	플레이버	
너트 계열 (nutty)	구운 땅콩 (roasted peanut)	구운 아몬드 (roasted almond)
캐러멜 계열 (caramel)	벌꿀 (honey)	메이플 시럽 (maple syrup)
초콜릿 계열 (chocolate)	바닐라 같은 (vanilla-like)	다크 초콜릿 (dark chocolate)

MAILLARD REACTION 메일라드 반응

메일라드 반응은 단백질의 기본 구성단위인 아미노산과 환원당 (포도당glucose, 과당fructose, 맥아당maltose 등) 사이에 일어나는 화학반응으로, 열에 의해 수백 가지 방향족 화합물과 갈색 중합체red-brown polymer인 멜라노이딘melanoidine이 생성되는 과정이다. 로스팅을 거쳐 생두의 색상과 향이 변하는 것이 바로 이 메일라드 반응의 결과다.

메일라드 반응은 캐러멜화와 마찬가지로 일종의 비효소적 갈변반응non-enzymatic browning*이며 빈 온도가 154℃에 도달했을 때 일어난다. 커피에서 느껴지는 슈가 브라우닝 계열의 곡물 향과 너트 향의 방향족 화합물도 메일라드 반응을 통해 만들어진다.

생두의 구성성분 중 하나인 탄수화물은 빈 온도가 150℃ 이상으로 오르면 가수분해hydrolysis*를 거쳐 다당류를 단당류로 분해하는데, 이때 생겨난 단당류는 메일라드 반응을 촉진시키며 멜라노이딘의 원활한 생성을 돕는다.

* **비효소적 갈변반응** non-enzymatic browning : 별다른 효소 활동 없이 식품 성분 간의 화학반응에 의해 표면이 갈색을 띠게 되는 현상.

* **가수분해** hydrolysis : 포도당의 화학반응식인 '탄수화물+물→덱스트린(dextrin)+물→맥아당+물→포도당'처럼 물 분자가 식품 성분과 결합하면서 크기가 점점 작아지고 단당류로 분해되는 현상.

CARAMELIZATION 캐러멜화

또 다른 종류의 비효소적 갈변반응인 캐러멜화는 빈 온도가 160~200℃가 됐을 때 휘발성 화합물이 배출되면서 캐러멜 향을 내는 것으로, 캐러멜화는 다당류 중 하나인 자당sucrose의 열분해를 통해 일어난다. (포도당과 과당이 결합된 것을 이당류라고도 하며, 무수히 많은 이당류가 하나로 엮인 것을 다당류라고 한다.)

로스팅 시 캐러멜화가 덜 진행되면 플레이버는 달콤하지만 아로마가 느껴지지 않고, 반대로 캐러멜화가 너무 많이 진행되면 단맛이 줄어들고 쓴맛이 강해지는 데 반해 아로마는 폭발적으로 증가하게 된다.

캐러멜화의 결과 자당을 비롯한 산, 탄수화물, 단백질 등의 열분해가 가속화되고 이러한 성분이 모두 분해되면 원두 내부는 비어 있는 상태가 된다.

CAFFEINE 카페인

카페인은 항균antifungal, 살균sterilization 작용을 하는 독소물질로 커피나무가 수천 년 동안 야생에서 살아남은 방어 메커니즘으로 작동했다. 카페인의 쓴맛이 외부 공격으로부터 커피체리를 보호하여 곤충의 피해를 덜 입게 된 것이다.

일반적으로 로부스타의 카페인 함량은 아라비카보다 높은 편인데, 아라비카에 비해 재배고도가 낮은 로부스타는 그만큼 자주 곤충들의 공격을 받아서 그만큼 더 많은 카페인을 만들어내도록 진화했기 때문이다.

인간만이 유일하게 심리적인 자극과 안정을 위해 강력한 알칼로이드alkaloid* 성분인 카페인을 애용한다. 카페인의 끓는점은 178℃지만 로스팅에서는 그보다 더 높은 온도인 204℃에서도 안정적인 상태이기 때문에 증류에 의해 성분의 10% 정도만 손실되고 손실량도 무게 감소에 비해 적어서 로스팅 레벨과 무관하게 일정한 비율을 유지한다. 따라서 다크 로스팅을 한다고 카페인 함량이 더 높아지진 않는다.

*알칼로이드 alkaloid : 식물계에 널리 분포되어 있는 성분으로, 동물이 섭취할 경우 매우 독특하고 강력한 생리작용을 일으킨다. 알칼로이드는 한 가지 물질을 가리키는 말이 아니라 다양한 화학물질을 광범위하게 일컫는 용어이며, 현재까지 250개가 넘게 발견된 것으로 알려져 있다.

TRIGONELLINE 트리고넬린

트리고넬린은 카페인과 같은 알칼로이드 성분으로 아라비카의 약 1%를 차지하며 로부스타는 이보다 적은 0.7%를 차지한다. 로스팅 시 빈 온도가 160℃에 도달하면 트리고넬린이 분해되기 시작하고, 그 결과 라이트 로스팅은 30~60%, 미디엄 로스팅은 20~15%, 다크 로스팅은 10% 이하로 감소하게 된다.

트리고넬린은 방향족 화합물의 발달에 중요하게 작용하는데, 커피에서 흔히 느낄 수 있는 달콤한 캐러멜과 흙 같은 아로마를 형성하는 역할을 한다.

LIPIDS 지질

아라비카의 15~17%, 로부스타의 10~11.5%를 차지하는 지질은 두 품종의 품질 차이를 만드는 요소 중 하나다. 커피의 방향족 화합물이 지용성이라는 점에서 지질의 역할은 매우 중요하다.

아로마의 상당부분을 형성하는 지질은 로스팅을 하는 동안 열에 의해 변하지만, 높은 온도에서도 상대적으로 안정적이기 때문에 성분비가 크게 변하진 않는다.

Flavor and Aroma

플레이버와 아로마

Flavor and Aroma

Flavor
플레이버

커피를 이해하는 데 있어서
가장 중요한 것은 다름 아닌
플레이버다.

일반적으로 플레이버를 맛taste과 향aroma의 결합체라고 정의하지만,
이는 어떻게 보면 맞고 어떻게 보면 틀린 표현이다.

예를 들어 마트에서 오렌지 한 상자를 샀다고 가정하면 우리는
그 안에 든 주황색 원형 과일을 오렌지라고 쉽게 인식할 것이다.
오렌지는 레몬보다 크지만 자몽보다는 작기 때문에 웬만해선
헷갈리지 않는다. 하지만 아무리 똑같아 보이는 오렌지라도 실제로
먹어보면 어떤 오렌지는 강하고 자극적인 신맛이 나지만, 어떤
오렌지는 부드러운 신맛과 함께 기분 좋은 단맛이 나는 것을 알 수
있다.

모두가 비슷한 모양을 하고 있지만 상자 안에 들어있는 오렌지의
수만큼이나 다양한 오렌지 플레이버를 느낄 수 있는 것이다.

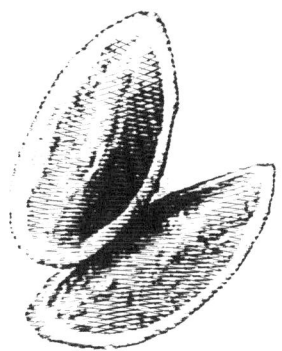

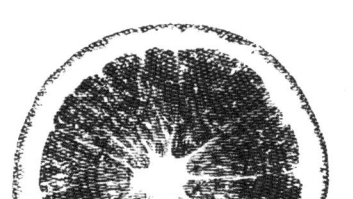

신맛만 나는 오렌지는 단조로운 느낌이 들어서 맛있는 오렌지로 여겨지지 않지만 부드러운 신맛에 단맛이 가미된 오렌지는 전체적으로 밸런스가 잘 맞고 복합성이 좋아서 맛있는 오렌지로 생각하게 된다.

또한 이러한 경험은 기억으로 저장되어 나중에 다른 오렌지를 먹을 때 그 오렌지가 맛이 있는지 없는지를 판단하는 기준이 되며, 주기적으로 오렌지를 섭취하는 사람일수록 좋은 오렌지와 그렇지 않은 오렌지를 구분하는 능력이 더 뛰어나다.

이것이 바로 필자가 설명하고자 하는 플레이버의 개념이다. 따라서 플레이버를 평가한다는 것은 맛과 향 사이의 연관성과 개연성을 파악하여 밸런스와 복합성을 기준으로 품질이 좋은지 나쁜지를 구분하는 것이라고 할 수 있다.

생두를 평가하고 로스팅하는 로스터의 경우 그동안 쌓아온 개인적인 경험을 토대로 플레이버를 인지한다. 생두는 산지와 품종, 프로세스 등에 따라 고유의 플레이버를 지니기 때문에 어느 정도 시간이 지나면 품질을 구분하고 커피로 추출했을 때의 플레이버를 유추하는 것이 가능해진다.

일례로 티피카가 주를 이루는 에티오피아 커피는 꽃과 과일의 아로마와 밝고 상큼한 산미, 그리고 이를 뒷받침하는 낮은 단맛과 부드러운 바디를 지니고 있으며, 플레이버의 밸런스가 뛰어날수록 복합성이 좋은 평가를 받는다.

한편 80% 이상이 펄프드 내추럴과 내추럴 커피인 브라질 커피는 부드러운 산미와 높은 단맛, 무게감 있는 바디가 특징이며, 여기에 너트나 캐러멜, 초콜릿 계열의 아로마가 더해지면 밸런스와 복합성이 향상된다.

Flavor and Aroma

Aroma
아로마

* **엔지매틱** enzymatic : 커피나무가 재배되는 과정에서 효소작용에 의해 생성된 아로마.

우리가 흔히 커피에서 느끼는 아로마에는 엔지매틱enzymatic*과 슈가 브라우닝, 그리고 드라이 디스틸레이션이 있다.

로스팅 시 생두는 외부와 내부의 익는 정도에 따라 각각 다른 아로마가 생성된다. 아로마는 로스팅이 진행될수록 엔지매틱에서 슈가 브라우닝, 슈가 브라우닝에서 드라이 디스틸레이션으로 변하기 때문에 열과 직접 접촉하는 외부에서는 슈가 브라우닝 계열의 아로마를 내지만, 상대적으로 덜 익은 내부에서는 엔지매틱 계열의 아로마를 낸다.

원두가 아로마를 방출하는 순서는 분자 무게가 가벼운 엔지매틱부터 슈가 브라우닝, 드라이 디스틸레이션 순이며 절대 바뀌지 않는다.

이를 토대로 로스팅 프로세스를 자세히 들여다보면, 1차 크랙 직후에는 주로 슈가 브라우닝에 속하는 너트 향이 느껴지며, 그대로 순조롭게 로스팅이 진행될 경우 캐러멜 계열의 아로마가 이어지는 것을 알 수 있다.

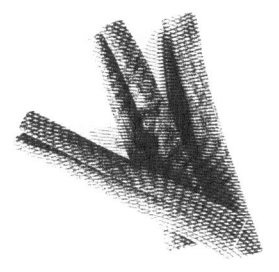

로스터는 이러한 과정을 순차적으로 이해함으로써 자신이 표현하고 싶은 아로마에 맞는 로스팅 레벨을 정할 수 있다.

하지만 로스팅에 문제가 발생하면 아로마는 급격한 변화를 보이게 된다. 1차 크랙 이후 슈가 브라우닝의 너티nutty한 아로마가 발현되는 단계를 뛰어넘어 갑자기 드라이 디스틸레이션의 스모키smoky한 아로마가 발현되면 원두 일부분이 타거나 심각한 손상을 입어 쓴맛이 나고 밸런스와 복합성도 떨어지게 된다. 따라서 로스터는 각 아로마의 개념과 그것이 발현되는 순서를 숙지하고 있어야 한다.

아로마는 플레이버와도 밀접한 관계가 있다. 예를 들어 너트 향이 발현되는 단계에서 로스팅을 끝냈는데 아로마에 비해 단맛이 낮으면 우리는 이를 기억에 저장된 땅콩 플레이버와 비교해 보고 예전에 먹었던 맛없는 땅콩을 연상할 것이다.

파나마 게이샤처럼 엔지매틱에 속하는 꽃과 과일의 아로마가 섬세하고 풍부한 커피라면 이러한 아로마를 효과적으로 살릴 수 있는 라이트 로스팅을 하는 것이 좋다. 엔지매틱 계열의 아로마와 어울리는 신맛과 단맛을 표현해야 하는데, 미디엄 다크 로스팅이나 다크 로스팅을 하면 드라이 디스틸레이션에 속하는 송진이나 향신료의 아로마가 도드라져 게이샤 본연의 색깔이 옅어지기 때문이다.

Roasting Process

로스팅 프로세스

로스팅은 커피가 지닌 플레이버의 잠재력potential이 발휘될 수 있도록 틀을 마련해준다. 과학이나 예술처럼 주변에서 받은 영감을 바탕으로 자신만의 커피를 만들어 나가는 과정인 로스팅은 그만큼 높은 집중력을 요하는 작업이기도 하다.

하지만 로스팅에는 정답이라고 할 만한 정량적 기준이 없기 때문에 많은 로스터들이 시행착오를 겪는다. 생두를 원두로 로스팅하는 데는 기본적으로 12~15분의 시간과 200℃ 이상의 열이 필요하지만 로스팅을 언제 마치는 것이 좋은지는 작업이 끝난 후 QC를 통해 정확히 판단할 수 있다.

만약 결과물이 마음에 들지 않는다면 그동안 쌓은 경험과 데이터를 근거로 로스팅 프로파일을 수정해야 한다.

그리고 이러한 과정을 꾸준히 반복하다 보면 언젠가는 자신만의 일정한 패턴을 찾아 로스팅 프로세스를 더욱 디테일하게 조정할 수 있게 된다. 그럼 지금부터 로스팅에서 일어나는 현상과 변화에는 어떤 것들이 있는지 하나씩 살펴보도록 하자.

로스팅 진행과정

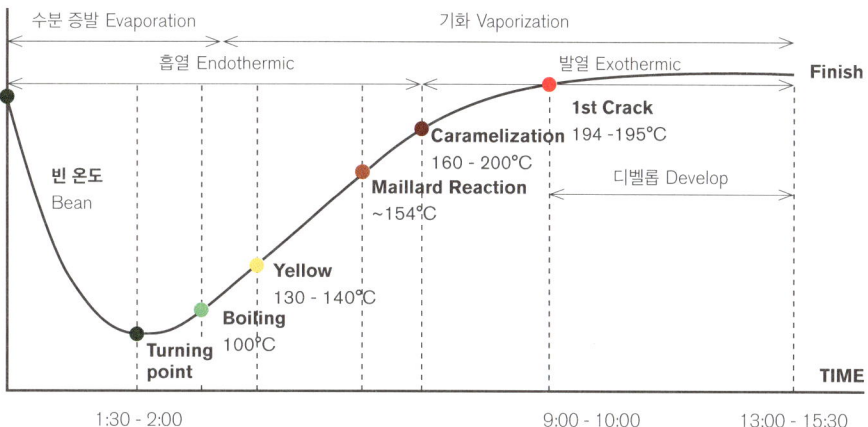

Roasting Process

Input - Turning Point
투입 - 터닝 포인트

***터닝 포인트** Turning Point : 로스팅 시 온도가 처음으로 상승하기 시작하는 지점.

투입은 말 그대로 생두를 드럼에 언제 얼마나 넣을 것인지 결정하는 로스팅의 시작 단계다. 예열된 드럼에 실온의 생두를 투입하면 드럼과 빈 온도가 열평형thermal equilibrium을 이룰 때까지 온도가 계속 떨어지는데, 터닝 포인트Turning Point*가 지나면 다시 상승세를 보이게 된다.

로스터는 드럼에 투입되는 생두의 양과 그에 따른 열량을 어떻게 조절할 것인지에 대해 구체적인 계획을 세워야 한다. 드럼 내부의 온도가 너무 높거나 낮으면, 혹은 생두의 양이 너무 많거나 적으면 그만큼 로스팅에 작용하는 변수가 많아져 리스크가 커지기 때문이다.

투입온도는 로스팅 프로파일의 터닝 포인트에 따라 결정하는데, 터닝 포인트의 온도가 너무 낮으면 1차 크랙까지 도달하는 속도가 너무 느려서 로스팅 시간이 길어지고, 반대로 터닝 포인트의 온도가 너무 높으면 1차 크랙까지 도달하는 속도가 너무 빨라서 로스팅 시간도 짧아진다. 때문에 로스터는 생두 투입량이 정해져 있을 때는 투입온도를 조절하고, 투입온도가 정해져 있을 때는 생두 투입량을 조절하는 방식으로 열량을 맞춰야 한다.

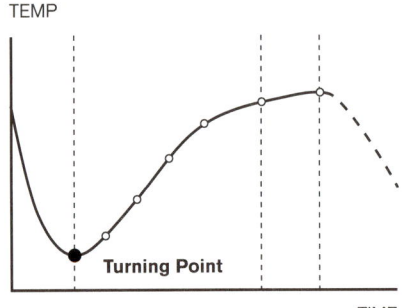

Roasting Process

Turning Point - Yellow
터닝 포인트 - 옐로우

일반적으로 터닝 포인트는 생두를 투입하고 1분 30초~2분 정도가 경과한 시점이며, 이후로 생두는 열을 흡수하는 흡열 구간endothermic에 들어간다. 이 구간에서 생두는 표면을 통해 열을 흡수하며 서서히 온도가 상승하게 되고 열이 외부에서 내부로 이동하는 열전도도 일어난다. 이때 생두는 열을 전체적으로 고르게 흡수하기 위해 수분이 지닌 전도성을 이용한다. 빈 온도가 100℃까지 오르면 외부의 자유수는 증발하고, 내부의 결합수는 전도체가 되어 생두 밖에서 안으로 열을 전달한다.

생두는 열전도에 의해 흰색 또는 밝은 연두색에서 노란색으로 색깔이 변하고, 100℃를 기점으로 수증기가 발생하면서 내부에 증기압이 형성된다. 그러다 옐로우에 가서는 높은 온도 때문에 조직이 유리화되고 수분함량이 줄어들면서 구조가 불균일해지고 결국 내부 압력의 영향을 받아 부피가 팽창하기 시작한다.

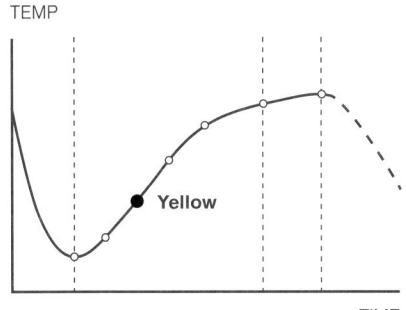

Roasting Process

154°C - Maillard Reaction
154°C - 메일라드 반응

생두의 내부와 외부 온도의 차이는 154°C에 도달해서야 거의 비슷한 수준으로 줄어들고 압력도 동일하게 유지된다. 이 단계의 생두는 부피가 팽창하면서 채프chaff*가 벗겨지고 가수분해에 의해 메일라드 반응이 일어나며, 착색물질인 멜라노이딘과 휘발성 유기물질이 생성된다. 그 결과 원두는 갈색 빛이 돌고 특징적인 플레이버를 만들어낸다.

메일라드 반응에 의해 생두 내부의 압력이 커지면 커질수록 더 많은 방향족 화합물이 생두 내부에서 외부로 이동하게 된다. 그 과정에서 생두는 유기물질이 분해되고 증기압이 늘어나며 부피가 팽창함에 따라 열을 흡수하는 표면적이 넓어진다.

이 시기에 빈 온도가 전보다 더 빠르게 상승하는 것도 이러한 이유에서이다.

* **채프** chaff : 생두의 실버스킨이 벗겨지고 난 후에 남은 껍질.

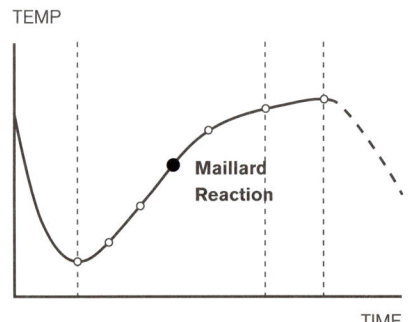

Roasting Process > 160°C - Caramelization
160°C - 캐러멜화

생두는 열분해에 의해 캐러멜화가 진행되면서 탄수화물이 분해되기 시작하는데, 그중에서도 당을 쪼개면 쪼갤수록 단맛은 줄어들고 아로마가 늘어나게 된다. 로스팅 시간이 길어질수록 단맛에 비해 쓴맛이 도드라지게 느껴지는 것도 같은 원리이다.

이 단계에서 생두는 유기물질의 연소로 인해 발생한 이산화탄소와 수분 증발로 인한 증기압의 상승으로 높은 압력을 받게 되며, 생두가 열분해를 통해 조금씩 열을 방출하는 발열반응이 일어나기 시작한다.

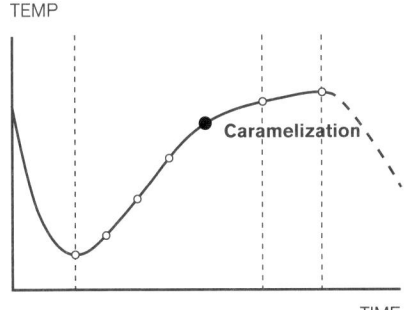

Roasting Process

194°C - 1st Crack
194°C - 1차 크랙

* **디벨롭** develop : 로스팅 진행과정 중 1차 크랙부터 배출까지의 구간을 가리키는 용어.

빈 온도가 194℃에 도달하면 화학반응은 더욱 활발해져 다량의 이산화탄소와 수증기를 만들어내고, 결국 생두가 커지는 압력을 견디지 못하고 파핑popping 소리를 내며 부분적으로 깨지거나 갈라지는 1차 크랙이 발생한다. 또한 원두 표면에 생긴 공극에 의해 열을 방출할 때 순간적으로 온도가 낮아졌다가 열을 흡수하면서 온도가 다시 높아지는 증발효과가 일어나고, 이로 인해 조직이 수축과 팽창을 반복하며 세포구조의 균열을 가속화시킨다.

1차 크랙은 로스팅의 종료 시점을 정하는 기준이 되므로 로스팅 프로세스에서 가장 중요한 부분이라고 할 수 있다. 1차 크랙 이후에 생두의 플레이버가 잠재력을 발휘하기 때문이다. 로스터가 자신의 색깔을 각인시킬 수 있는 것도 이때부터다.

대다수의 로스터들이 1차 크랙을 디벨롭develop*이 시작되는 지점이라고 보는 이유는 그때야 비로소 생두가 커피로 추출할 수 있는 원두가 되기 때문이다. 한편 로스팅에서 1차 크랙부터 로스팅이 마무리되는 시점까지의 구간이 차지하는 비율을 흔히 디벨롭 타임develop time이라고 한다. 예를 들어 로스팅 시간이 총 10분이고 1차 크랙이 8분에 발생했다면 디벨롭 타임은 20%가 된다. 이 시기에 로스터는 원하는 플레이버를 섬세하게 표현할 수 있도록 어느 때보다 집중해야 한다.

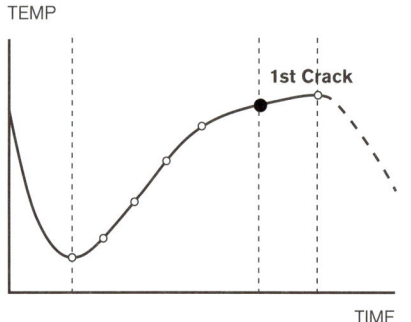

필자의 경우 브루잉 커피는 디벨롭 타임이 25~28%가 될 때까지, 에스프레소는 35~38%가 될 때까지 로스팅을 진행한다.

로스터가 로스팅의 목적에 맞게 디벨롭 구간을 설정하여 균형감 있는 플레이버를 끌어낸다면 보다 만족스러운 결과를 기대할 수 있다. 산미를 중시하는 로스터라면 디벨롭 타임을 단축해 라이트 로스팅이나 미디엄 로스팅을 하고, 단맛과 바디를 중시하는 로스터라면 디벨롭 타임을 연장해 미디엄 다크 로스팅이나 다크 로스팅을 하는 식이다.

사실 이 모든 과정이 로스팅에 해당되는 얘기지만 추출에도 상당한 영향을 미치는 부분이기 때문에 로스터는 이후 바리스타가 어떻게 커피를 추출할지도 고려해서 디벨롭 타임을 결정해야 한다. 앞서 말했듯이 에스프레소는 짧은 시간에 많은 양의 커피 고형분을 뽑아내는 방식이기 때문에 추출이 용이하게끔 디벨롭 구간을 브루잉 커피보다 길게 설정하여 생두의 세포구조를 최대한 확장시키는 것이 좋은 방법이다.

Roasting Process

220°C - 2nd Crack
220°C - 2차 크랙

* **카본** carbon : 탄소 또는 탄소로 이루어진 물질.

빈 온도가 220°C에 이르렀을 때 시작되는 2차 크랙에서는 연소에 의해 원두 내부에 쌓여 있던 이산화탄소가 방출되면서 1차 크랙과 또 다른 소리를 낸다. 연소가 가속화됨에 따라 생두의 세포구조는 파괴되고 내부도 다 타버려 쉽게 부서질 수 있는 상태가 된다. 이때 원두는 진한 갈색이나 검정색을 띠며 로스팅이 진행될수록 더 많은 커피오일이 표면으로 흘러나온다.

또한 당이 열분해 과정에서 대부분 사라지기 때문에 상대적으로 쓴맛의 비중이 높아지고 약한 신맛도 부각될 수 있다. 이 시기에 느껴지는 아로마는 드라이 디스틸레이션의 카본*carbon** 계열에 속하는 스모키와 유사하다.

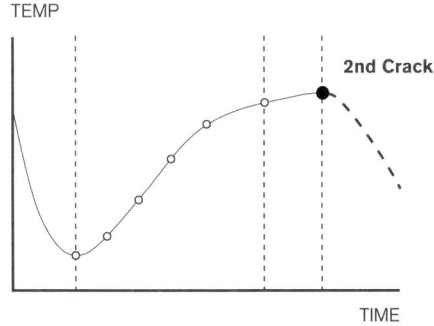

Roasting Process > Emission - Cooling
배출 - 냉각

로스팅의 마지막 단계인 냉각은 플레이버에 많은 영향을 미치는 굉장히 중요한 절차지만 의외로 간과하는 경우가 많다.

원두는 로스팅이 끝나자마자 쿨링 트레이cooling tray에 식혀도 온도가 바로 떨어지지 않는다. 원두의 외부는 배출 후 차가운 공기와 만나면서 온도가 서서히 낮아지지만 내부는 열량 공급을 중단한 후에도 열이 안에서 밖으로 계속 전달되어 열손실을 안팎으로 비슷하게 맞추려고 하기 때문이다.

때문에 원두를 빠르게 냉각시키지 않으면 로스팅이 계속 진행되어 의도치 않게 로스팅 레벨에 변화가 생겨 아로마를 잃어버릴 수 있다.

휘발성 기체인 아로마는 높은 온도에 노출될수록 더 많이 배출되지만 원두를 빠르게 냉각시키면 아로마의 일부가 원두 내부에 고체 상태로 남아 발산되지 못한다. 때문에 로스팅 시 냉각은 4분 이내에 40℃ 이하로 마무리해야 한다. 만약 냉각을 4분 이내에 마칠 수 없을 것 같다면 전용 송풍기blower를 설치하는 것이 바람직하다.

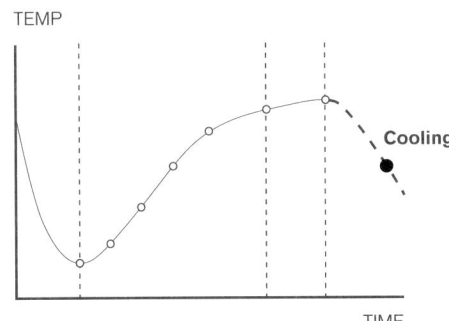

Roasting Level

로스팅 레벨

로스터들은 로스팅 결과가 이전과 다를
경우 원인을 찾기 위해 가장 먼저 아그트론
넘버를 체크한다. 아그트론 넘버는
아그트론 사에서 개발한 커피 색도계
수치로, 로스팅 레벨을 판단하는 기준이다.

원두의 색상은 당의 열분해 정도에 따라 달라지기 때문에 이를 수량화한
지수인 아그트론 넘버를 기준으로 로스팅 레벨을 판단할 수 있다. 하지만
아그트론 넘버가 같다고 해서 동일한 플레이버가 보장되는 것은 아니기
때문에 정확도를 높이고 싶다면 다른 로스팅 변수를 함께 활용해야 한다.

아그트론의 측정 결과를 정확히 이해하고 적용하기 위해 필요한
사전지식과 주의점은 무엇인지 살펴보고 나름대로 가이드라인을
설정하여 플레이버의 일관성을 높여보자.

Roasting Level

Factors Effecting on Agtron Number
아그트론 넘버에 영향을 미치는 요인

로스팅 레벨에 따른 아그트론 넘버와 무게 손실률

로스팅 레벨	아그트론 넘버	무게 손실률
라이트(light)	#65	12% 이하
미디엄(medium)	#55	13~14%
미디엄 다크(medium dark)	#45	15~16%
다크(dark)	#35	17~18%
베리 다크(very dark)	#25	19~20%

로스팅은 열이 생두 외부에서 내부로 전달되는 과정이기 때문에 외부의 색상이 내부보다 진할 수밖에 없다. 일반적으로는 로스팅 레벨이 높을수록 원두 외부와 내부의 색상이 비슷해지기 때문에 원두를 분쇄했을 때 분쇄도에 따른 색상 차이가 적다. 하지만 로스팅을 너무 높은 온도에서 진행하면 원두의 표면이 타버리고 내부와의 색상 차이도 많이 나게 된다.

아그트론 넘버를 정확히 측정하기 위해서는 분쇄원두의 입자크기를 항상 일정하게 유지해야 한다. 입자가 너무 크면 빛이 반사되는 면적이 넓어서 상대적으로 색깔이 밝게 나오고, 반대로 입자가 너무 작으면 빛이 반사되는 면적이 좁아서 색깔도 더 어둡게 나오기 때문이다.

로스팅 과정에서 나타나는 갈변현상 browning은 메일라드 반응이 만들어내는 멜라노이딘과 캐러멜화와 관련돼 있다. 로스팅 시 생두는 디벨롭 구간이 같아도 당 성분이 많고 밀도가 높은 것이 그렇지 않은 것보다 색상도 더 진하다.
로스팅을 하면 스크린 사이즈가 작은 생두가 스크린 사이즈가 큰 생두보다 열을 빨리 흡수하기 때문에 색깔이 더 어둡고, 워시드 커피보다는 내추럴 커피의 색상이 더 진하다.

Roasting Level

Agtron Number and Roasting Variables
아그트론 넘버와 로스팅 변수

로스팅은 열량, 온도, 시간 등에 따라 화학반응의 정도가 다르기 때문에 원두의 아그트론 넘버가 일치해도 전혀 다른 플레이버가 날 수 있다. 그런 이유에서 로스터들은 보통 일관된 로스팅 프로파일을 적용하여 생두의 화학적 변화를 컨트롤한다.

참고로 생두의 무게 감소는 아그트론 넘버와 함께 활용할 수 있는 중요한 로스팅 변수 중 하나다. 로스팅 레벨이 높아질수록 무게가 큰 폭으로 감소한다는 점을 알면 플레이버의 재현성을 높이는 데 도움이 된다.

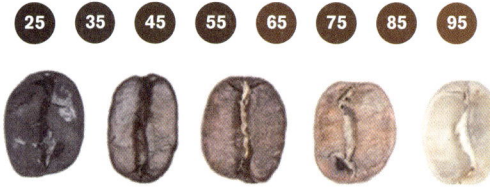

< 아그트론 넘버는 #25부터 #100까지 있지만 실제로 자주 쓰이는 것은 #30에서 #70 사이다. >

컬러트랙을 이용한 원두 색상 측정

1   2   3   4

1 분쇄하지 않은 홀 빈whole bean을 원형 트레이에 담아 컬러트랙에 넣는다.
2 작동시간을 20초에 맞춘다.
3 시작버튼을 눌러 데이터를 구한다.
4 같은 방법으로 분쇄한 그라운드 빈ground bean의 데이터를 구한다. 홀 빈과 그라운드 빈의 색상 편차가 클수록 원두의 겉과 속이 익는 정도에 차이가 많이 난다고 할 수 있다.

* 원두의 분쇄도는 물 1L와 원두 55g으로 커피를 추출했을 때의 TDS가 1.25ppm이 되도록 조절하면 된다.

Roasting Profile

로스팅 프로파일

로스팅은 로스터마다 다양한 방식이 존재하고 이에 따른 플레이버의 차이도 명확하기 때문에 어느 정도 예술적인 측면이 있다고 볼 수 있다.
때문에 많은 로스터들이 처음 로스팅을 시작할 때는 기본적인 방법을 익히는 데 집중하다가 나중에는 자신만의 독창적인 플레이버를 개발하기 위해 기술적이고 이론적인 부분은 물론 예술적인 부분까지도 깊이 있게 공부한다.

로스팅을 통해 만들어낼 수 있는 플레이버의 색채는 매우 다채롭지만 이를 꾸준히 재현하기는 굉장히 어렵기 때문에 로스터는 로스팅 프로파일을 참고해 자신이 표현하고자 하는 플레이버를 지속적으로 유지한다.
따라서 로스팅 프로파일은 데이터의 정확성이 가장 중요하며, 그 기반이 되는 로스팅 변수도 외부 요인에 의한 영향을 최소화해야 한다.

로스팅 프로파일은 생두의 투입량과 온도, 시간, 화력 같은 로스팅 변수를 기록하며, 구간을 터닝 포인트, 1차 크랙, 2차 크랙 등으로 나눠 세부적으로 작성할 수도 있다.
로스터는 로스팅 프로파일을 통해 플레이버의 변화 양상을 파악할 수 있을 뿐 아니라 로스팅 진행과정의 문제점도 쉽게 발견할 수 있다.

[TIP] 로스팅 프로파일 작성에 필요한 로스팅 변수

로스팅 프로파일에는 배치 사이즈와 온도, 시간, 화력, 무게, 색상 외에도 다양한 변수가 작용하기 때문에 매번 새로운 문제가 발생할 때마다 기록으로 남겨서 정보를 알기 쉽게 전달할 수 있도록 개선해야 한다.

배치 사이즈

로스팅 프로파일의 배치 사이즈는 드럼에 얼마만큼의 생두를 투입할 것인지 기록하는 항목이다. 일반적으로 권장하는 투입량은 드럼 용량의 60~100%이며, 드럼에 비해 배치 사이즈가 너무 작은 경우 언더 로스팅이나 오버 로스팅이 될 수 있으니 주의해야 한다.

온도

로스터에는 기본적으로 두 개의 온도계가 달려 있는데, 하나는 빈 온도를, 다른 하나는 에어온도를 나타낸다. 로스터들은 대부분 빈 온도에 중점을 두고 로스팅 프로파일에 투입온도와 배출온도, 빈 온도의 분당 온도 상승률ROR, Rate of Rise 등을 기록하는데, 그래야 나중에 동일한 플레이버를 재현하기가 훨씬 용이하고 정밀한 로스팅 프로파일을 구축할 수 있기 때문이다.

하지만 커피산지처럼 고도가 높은 지역은 산소가 부족하고 물의 끓는점이 낮기 때문에 온도의 정확성이 떨어지며 로스팅 시 상대적으로 오차가 많이 발생할 수 있다. 물의 끓는점은 고도 300m당 약 1℃씩 떨어져 해발 1,200m 지점에서는 최소 4℃ 이상 낮아지며 로스팅 프로파일의 호환성도 나빠지게 된다.

시간

시간은 로스팅에서 가장 중요한 변수이자 가장 신뢰할 수 있는 변수다. 로스팅 프로파일은 시간에 따라 숏타임 로스팅과 롱타임 로스팅 두 가지로 나눌 수 있다. 숏타임 로스팅한 커피는 산미가 강하며 바디가 높지만 쓴맛이 약하고, 롱타임 로스팅한 커피는 쓴맛이 강하지만 산미는 약하고 바디가 낮다는 특성이 있다.

화력

화력은 드럼에 제공되는 열량을 나타낸 수치다. 생두 1kg을 로스팅하는 데 필요한 열량은 약 1만 BTU/h이며, 로스팅할 때는 열량과 로스팅 속도가 비례한다는 점을 고려해 화력을 조절해야 한다. 또한 드럼 내부의 열량과 생두가 필요로 하는 열의 총량을 파악하여 생두에 열을 얼마나 전달할 것인지 결정해야 한다. 이때 버너의 총 열량은 드럼과 생두의 관계에도 영향을 미치며, 로스터를 예열하면 드럼이 먼저 가열되고, 곧이어 전도, 복사, 대류가 드럼 내부의 온도를 상승시킨다.

무게

원두의 무게는 로스팅 레벨을 측정하는 지표로 사용되며 생산비용과도 직결되는 문제기 때문에 더욱 중요하다.
로스팅 레벨이 낮으면 무게 손실과 생산비용이 모두 감소하지만 로스팅 레벨이 높으면 무게 손실과 생산비용이 모두 증가한다.
로스팅 레벨은 같지만 원두의 무게가 다르다면 로스팅 프로파일을 우선 확인해 봐야 한다.

색상

색상은 로스팅 레벨을 나타내는 중요한 요소지만 플레이버를 판단하는 데 절대적인 기준이 되진 못한다.

Roasting Profile

Endothermic Reaction and Exothermic Reaction

흡열반응과 발열반응

로스팅은 빈 온도를 기준으로 진행되기 때문에 로스팅을 시작하기에 앞서 빈 온도의 개념을 알아둘 필요가 있다.

로스팅 시 생두가 드럼에 투입되면 열을 흡수하면서 빈 온도가 올라가지만, 주변의 열을 빼앗아 드럼 안의 온도인 에어온도는 오히려 낮아진다. 때문에 이때 로스팅을 문제없이 진행하려면 일정 수준 이상의 화력을 가해 에어온도를 일정하게 유지해야 한다.

생두는 빈 온도가 최저점을 찍는 터닝 포인트 이후 지속적으로 열을 흡수하여 빈 온도가 160℃에 도달하면 단당류의 일종인 포도당이 열분해되면서 이산화탄소와 물을 생성하고 열에너지를 방출한다.

이 시기를 기점으로 생두의 화학변화는 흡열반응에서 발열반응으로 전환된다.

발열반응이 일어나는 구간에서는 화력을 낮춰 에어온도의 ROR을 감소시켜야 하는데, 그렇지 않으면 생두의 화학적 변화와 이산화탄소 배출이 빨라지면서 에어온도와 빈 온도의 격차가 점차 줄어들고 드럼 내부의 압력도 급격히 상승하기 때문이다.

흡열반응과 발열반응

흡열반응	발열반응
열이 흡수되어 일어나는 반응	생두의 화학변화와 동반한 열의 방출. 플레이버가 발달하는 단계
수분 증발	캐러멜화
부피 팽창(50~100%)	축합 반응(condensation)
중량 감소(12~20%)	중합 반응(polymerization)

적절한 타이밍에 화력을 낮추지 않으면 로스팅이 전체적으로 빠르게 진행되어 오버 로스팅된 결과물이 나올 수 있다. 반대로 화력을 너무 많이 줄이거나 투입온도를 지나치게 낮게 설정할 경우 에어온도와 빈 온도의 격차가 커서 생두에 열량이 충분히 공급되지 않고 로스팅 속도가 느려져 결과물이 언더 로스팅under roasting될 수 있다.

따라서 로스팅을 할 때 온도 조절에 실패하지 않으려면 흡열반응과 발열반응에 대한 이해를 토대로 에어온도와 빈 온도에 알맞은 열량을 공급해야 한다.

다음은 실제 로스팅 프로파일을 바탕으로 흡열반응과 발열반응을 살펴본 것이다.

PROFILE 1

에어온도 220°C 고정

프로파일 1의 에어온도를 보면 발열구간부터 1차 크랙까지는 화력이 220℃로 매우 강하며 점차 빈 온도와의 격차가 줄어드는 것을 알 수 있다.

10분대부터는 열량 감소와 함께 에어온도의 ROR도 둔화된 모습이다. 하지만 이에 반해 빈 온도의 ROR은 떨어지지 않고 빈 온도도 계속해서 상승세를 유지한다. 열량은 감소했지만 발열반응이 일어나는 구간이기 때문이다. 그 결과 2차 크랙 이후에는 빈 온도가 에어온도보다 높아지는 역전현상이 나타나게 된다.

디벨롭 타임은 전체 로스팅의 30.5%를 차지하며, 2차 크랙을 넘어간다는 점에서 로스팅 레벨이 다크에 해당되는 오버 로스팅이라고 볼 수 있다.

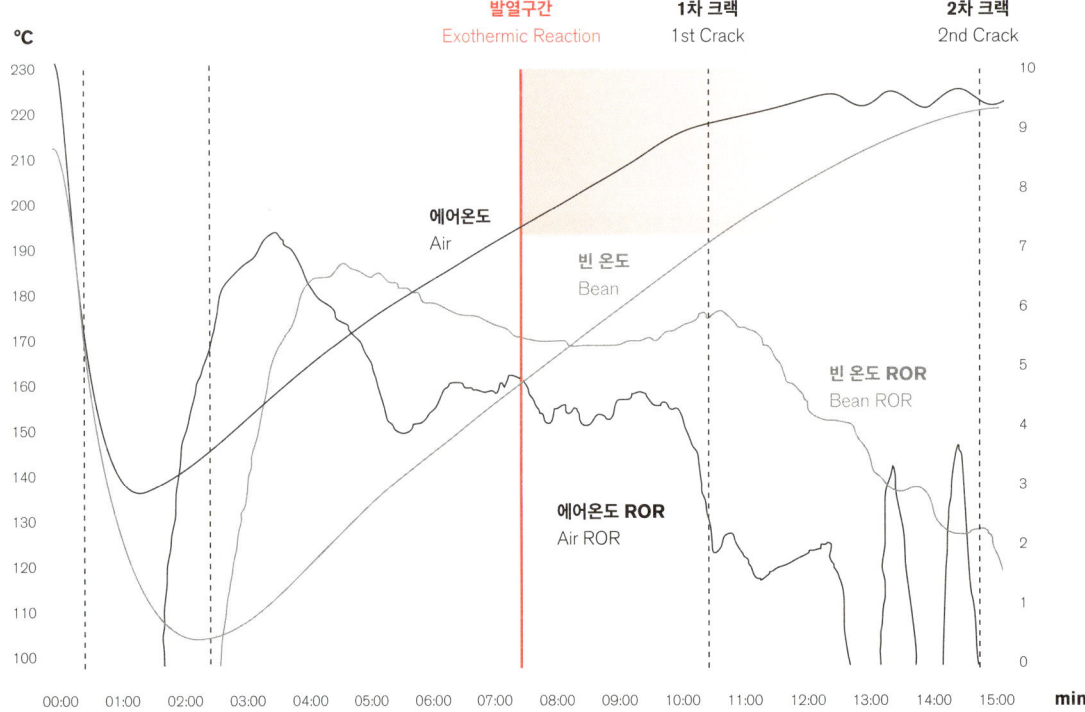

PROFILE 2
—
에어온도 215℃ 고정

프로파일 2를 보면 빈 온도가 166℃일 때부터 열량이 감소하면서 에어온도의 ROR도 둔화된 모습이지만 발열구간이기 때문에 1차 크랙까지는 빈 온도가 떨어지지 않고 계속해서 가파른 궤도를 그리며 상승하는 것을 알 수 있다.

8분대부터는 열량이 감소하면서 에어온도의 ROR도 급격히 떨어지지만 발열반응에 의해 빈 온도는 계속해서 상승세를 유지한다. 15분대에 빈 온도가 에어온도보다 높아지는 역전현상이 나타나며 17분대에 2차 크랙이 시작된다.

디벨롭 타임은 전체 로스팅의 45%를 차지하며, 2차 크랙을 넘어간다는 점에서 로스팅 레벨이 다크에 해당되는 오버 로스팅이라고 볼 수 있다.

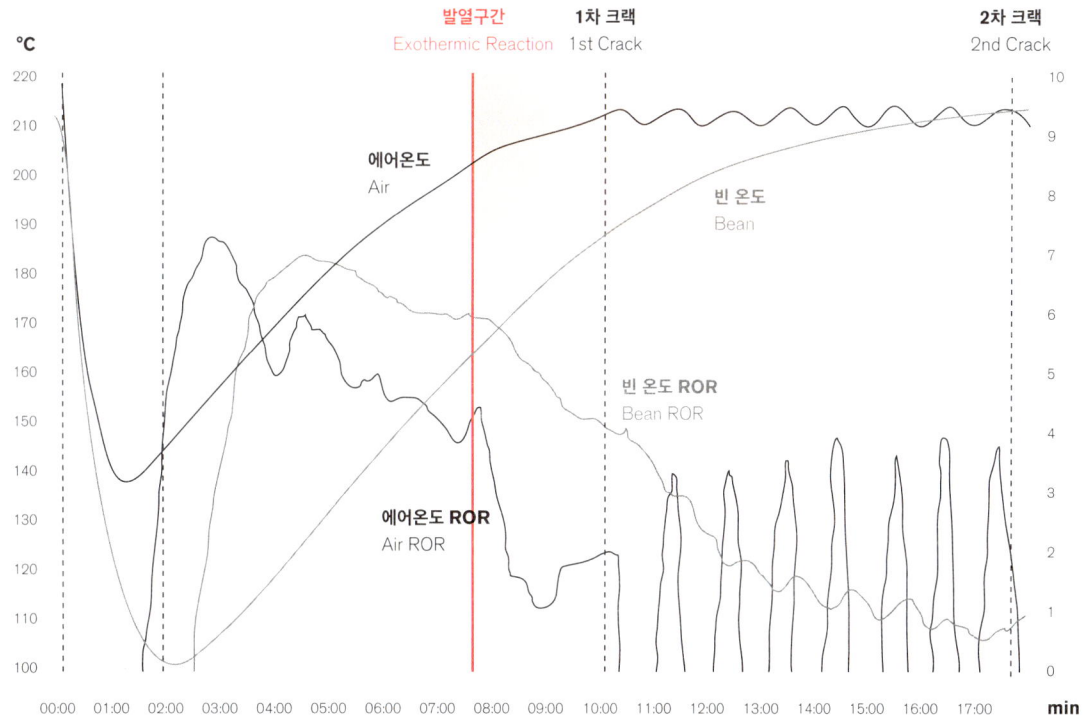

PROFILE 3
—
에어온도 210°C 내외

프로파일 3을 보면 에어온도가 196℃에 도달하는 발열구간 이전에 열량이 감소한 것을 알 수 있다. 에어온도와 빈 온도의 격차는 점점 줄어들지만 빈 온도가 에어온도보다 높아지는 역전현상은 나타나지 않는다.

완만한 추이를 보이는 에어온도를 통해 알 수 있듯이 이 사례에서는 발열구간과 1차 크랙 사이에 화력을 서서히 낮춰 1차 크랙 이후의 열량을 조절할 수 있게 했다. 빈 온도의 ROR은 디벨롭 타임이 20%를 넘어서는 13분대부터 다시 상승하기 때문에 이를 고려해 로스팅 종료 시점을 정하면 된다.

디벨롭 타임은 전체 로스팅의 35.9%를 차지하며, 원두 색상을 측정했을 때 로스팅 레벨이 미디엄 다크에 해당되는 이상적인 로스팅이라고 보인다.

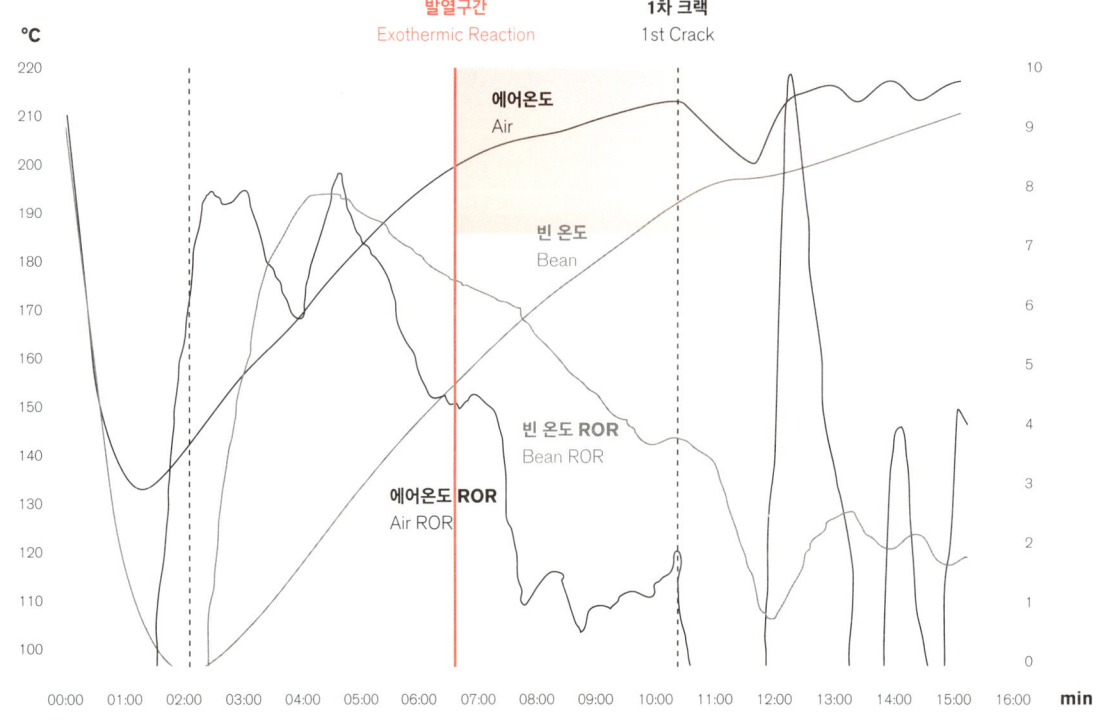

CONCLUSION
—
결론

이 세 가지 로스팅 프로파일을 분석해 보면 발열구간에서 열량을 조절하지 않을 경우 빈 온도의 ROR이 급격히 상승하여 로스터가 의도하지 않은 방향으로 로스팅이 진행된다는 사실을 알 수 있다.

얼음이 물이 될 때는 공기 중의 열을 흡수하여 주변의 온도가 떨어지지만 물이 얼음이 될 때는 열을 방출하여 주변의 온도가 올라가는 것처럼 물질의 상태가 고체에서 액체, 액체에서 기체로 변할 때 흡수 혹은 방출하는 열을 '잠열'이라고 하는데, 이는 로스팅에도 동일하게 적용된다.

로스팅 시 캐러멜화가 일어나는 구간(160~200°C) 전까지는 생두가 열을 흡수하기 때문에 열량을 지속적으로 공급하지 않으면 더 이상 화학변화가 나타나지 않지만 이후 흡열반응이 발열반응으로 전환되는 구간에서는 생두가 열을 방출하기 때문에 1차 크랙 이전에 열량 공급을 제한하는 것이 바람직하다.

로스팅을 하다 보면 화력을 높여도 빈 온도가 잘 올라가지 않고, 반대로 화력을 낮춰도 빈 온도가 잘 떨어지지 않는 구간이 존재하는데, 바로 이러한 이유 때문이다.

[TIP] 발열구간에서의 열량조절

필자에게 로스팅에서 가장 중요하게 생각하는 생두 변수를 하나만 고르라고 한다면 고민 없이 수분을 택할 것이다. 물은 열전도체로서 생두의 온도 상승에 핵심적인 역할을 하기 때문이다.
특히 로스팅 초반에 생두의 수분이 너무 많이 증발되어 버리면 1차 크랙이 시작되는 발열구간에서 열량이 과도하게 공급되어 원두가 손상될 확률이 높아진다.

물 1L의 온도를 0℃에서 100℃로 높이는 데 1℃당 10kcal의 열량이 필요하다고 가정해 보면 총 1,000kcal의 열량이 필요하다는 계산이 나온다.

하지만 그렇다고 열량을 처음부터 끝까지 1,000kcal로 유지하면 물의 온도 상승 속도에 비해 너무 많은 열량이 공급되어 물이 100℃ 이상으로 끓고 기화되면서 물 양도 전체적으로 감소하게 된다.
그런데 이때 처음에는 1,000kcal의 열량을 공급하되 온도가 1℃ 상승할 때마다 10kcal씩 열량을 줄여 나간다면 물이 80℃가 됐을 때는 20kcal만 필요하게 될 것이다. 온도의 상승 속도가 상대적으로 느리기 때문에 100℃에서 열량 공급을 중단했을 때 바로 물을 식힐 수 있다. 결과적으로 기화로 인한 수분 손실이 줄어들고, 시간과 온도를 고려해 열량 조절도 할 수 있다.

이러한 원리를 로스팅에 대입해 보면 1차 크랙 이전의 과도한 열량 공급이 발열구간에서는 온도 상승과 맞물려 화력을 줄여도 온도가 상승하는 현상이 발생하고, 물리적으로는 원두의 표면을 태우며, 화학적으로는 아로마가 손실될 것이라는 예측이 가능해진다.

발열구간에서는 생두에 화학반응이 일어나 내부의 열이 방출되면서 열량은 줄어도 온도가 잘 떨어지지 않기 때문이다. 그 결과 1차 크랙에서는 아무리 화력을 낮춰도 일정 시간 동안 온도가 떨어지지 않고 오히려 4~5℃ 가량 상승하게 된다.

또한 1차 크랙 시 생두는 고온의 열과 산소의 마찰에 의해 열분해와 연소가 동시에 일어나며 이로 인해 이산화탄소가 늘어나 발열반응이 지속적으로 발생하게 된다. 그중에서도 연소는 반응물질이 완전히 소진될 때까지 이어지기 때문에 로스팅을 계속하면 결국에는 재만 남게 된다. 로스팅에 대한 통제력은 약해지면서 결과도 장담할 수 없게 되는 것이다.

그러므로 로스터가 균형 잡힌 플레이버를 구현하기 위해서는 발열구간에서의 열량을 미리 계산해 본 후 원하는 타이밍에 1차 크랙이 일어날 수 있도록 열량을 서서히 줄여가며 로스팅 프로파일을 컨트롤해야 한다.

Roasting Profile

Momentum
모멘텀

로스터들은 빈 온도를 기준으로 로스팅 프로파일을 작성한다. 로스팅에서 가장 중요한 변수인 빈 온도는 수치로 파악할 수 있으며 이를 토대로 로스팅 프로세스를 그래프로도 나타낼 수 있다. 때문에 빈 온도가 로스팅의 기준이 된다고 해도 과언은 아니지만 한 가지 잊기 쉬운 변수가 바로 에어온도다.

열전달은 더 뜨거운 물질에서 더 차가운 물질로 열에너지가 이동하는 것인데, 이러한 열역학적인 측면에서 로스팅을 들여다 보면 로스팅은 에어온도가 빈 온도보다 높게 설정되어 있어야 메일라드 반응이나 캐러멜화 같은 화학반응이 중간에 끊어지지 않고 연쇄적으로 일어나며 그 결과 커피의 캐릭터를 부여할 수 있게 된다. 에어온도가 빈 온도보다 낮게 설정되어 있으면 화학반응이 연쇄적으로 일어나지 않고 부분적으로 일어나기 때문에 플레이버의 복합성이 떨어지고 의도와는 전혀 다른 방향으로 흘러가게 된다.

이처럼 열량을 공급하는 에어온도와 그 열을 흡수하는 빈 온도의 상관관계는 로스팅 프로파일 전체에 영향력을 행사하는 중요한 파라미터이며, 이를 통해 숏타임 로스팅이나 롱타임 로스팅 같은 다양한 로스팅 프로파일을 시도해 볼 수 있다.

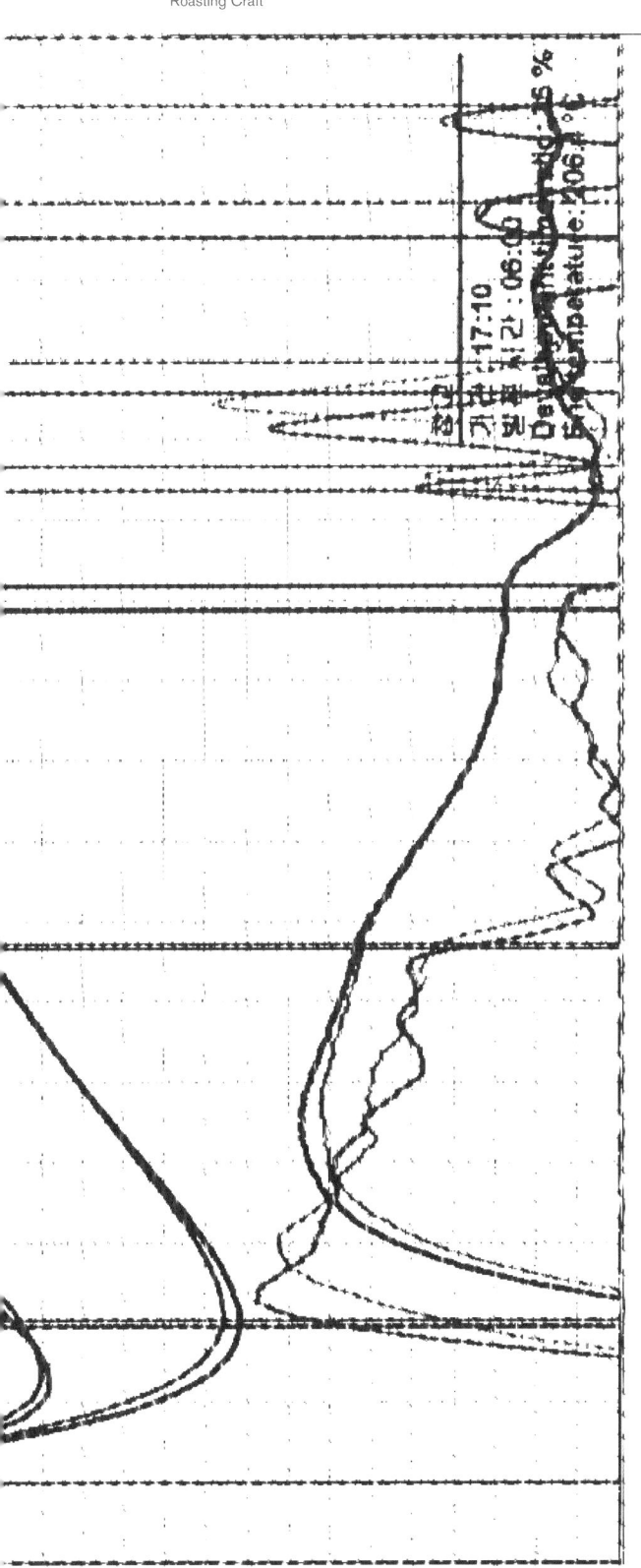

열량에 맞게 빈 온도를 조절하여 운동량을 구축하는 것을 모멘텀momentum이라고 하는데, 이는 단순히 열량의 많고 적음이나 빈 온도의 ROR을 의미하는 것이 아니다.

생두는 같은 열량을 공급해도 성분비에 따라 열을 흡수하고 방출하는 용량이 달라서 모멘텀도 달라진다. 모멘텀은 터닝 포인트에서 1차 크랙까지의 온도 상승과 디벨롭 구간에서의 온도 변화로 설명할 수 있다. 모멘텀에 의해 1차 크랙 이전에 생두에 흡수된 열이 1차 크랙 이후에 어떻게 작용하는지 다음의 그래프를 통해 살펴보도록 하자.

여기서 비교 기준이 되는 로스팅 프로파일은 수분함량과 밀도가 높은 생두인 인도네시아 만델링 G1을 예로 들어 작성했는데, 그래야 수분함량과 밀도가 다른 생두의 로스팅 온도와 시간을 더 폭넓게 측정할 수 있기 때문이다.

PROFILE 1
—
인도네시아 만델링 G1

프로파일 1은 기준과 비교했을 때 에어온도와 빈 온도의 변화가 일정할 뿐 아니라 전체 로스팅 프로파일도 거의 동일하다.

투입량, 온도, 시간, 화력 등의 로스팅 변수와 산지, 밀도, 수분, 품종, 프로세스 등의 생두 변수가 같기 때문에 로스팅이 동일한 모멘텀으로 진행되는 것이다.

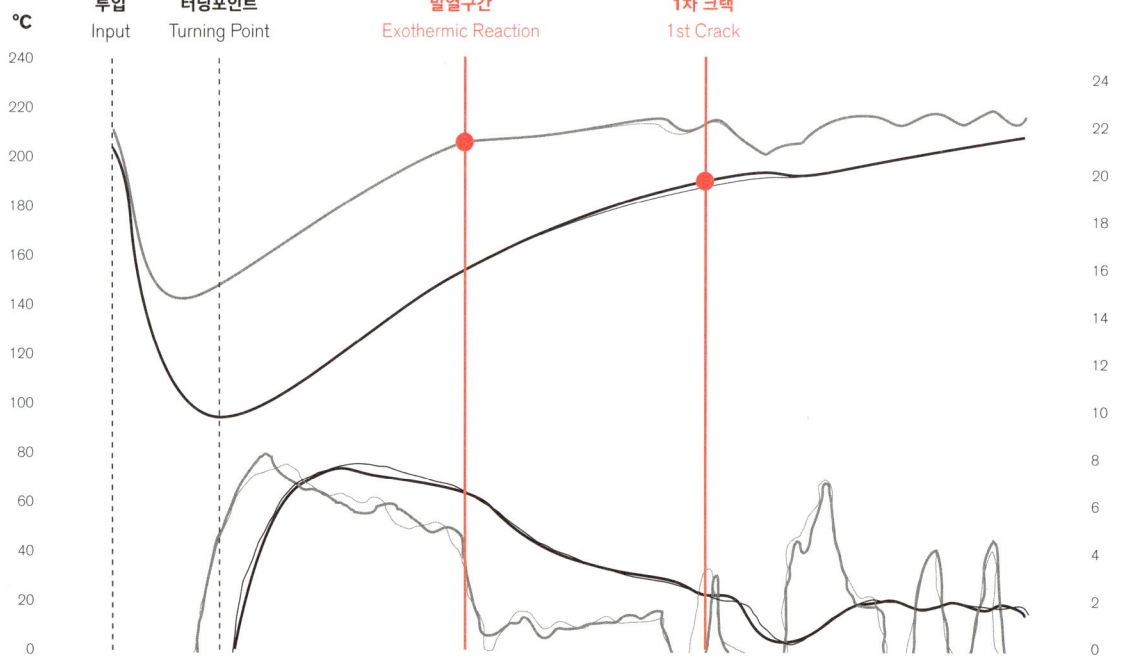

PROFILE 2
—
차이나 피베리

프로파일 2을 보면 투입부터 8분대까지는 빈 온도가 기준과 동일하지만 그 후로는 모멘텀이 급격히 증가하여 210℃까지 도달하는 데 걸리는 시간이 매우 짧아진 것을 알 수 있다.

로스팅 변수는 같지만 생두 변수가 다르기 때문에 154℃ 이후에 일어나는 화학반응의 속도가 달라지면서 모멘텀이 변화하고 1차 크랙과 디벨롭 구간도 영향을 받게 된 것이다.

한편 에어온도가 투입부터 8분대까지는 기준보다 상당히 낮은데, 이는 생두가 많은 열을 흡수하여 내부의 모멘텀이 증가하고 있음을 의미한다. 또한 화학반응이 일어나는 발열구간에서는 빈 온도가 폭발적으로 상승하여 나중에는 열량을 감소시켜도 모멘텀이 줄어들지 않고 오히려 증가하는 현상이 나타나게 된다.

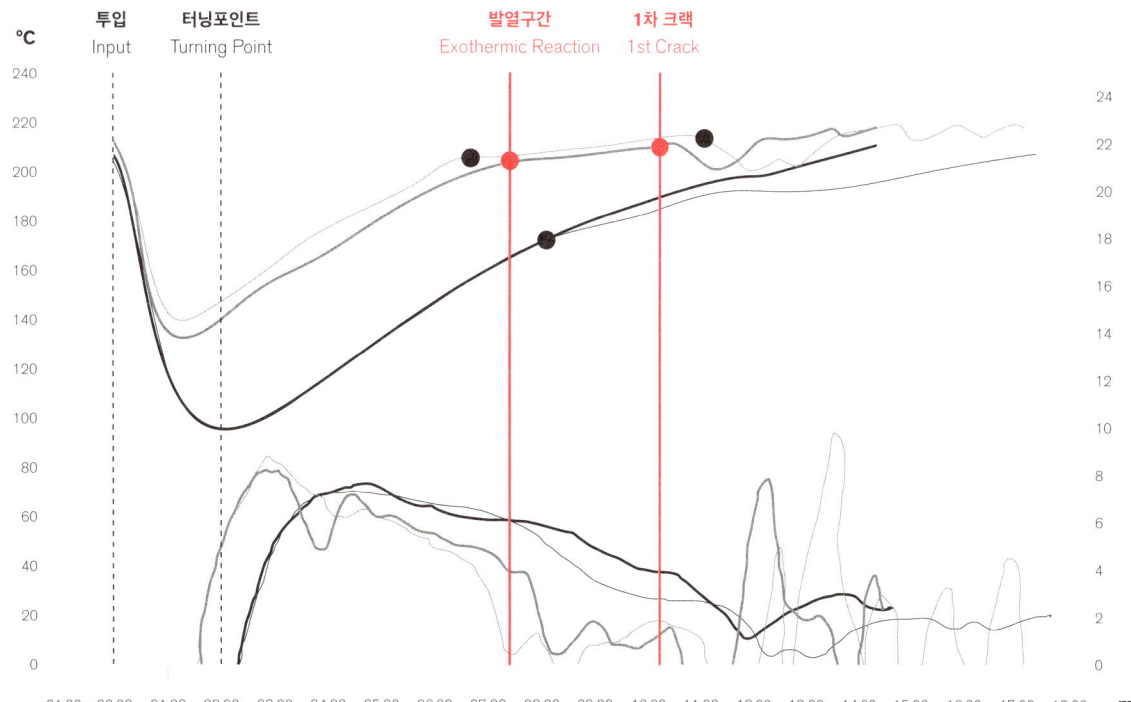

PROFILE 3
—
브라질

프로파일 3을 보면 투입부터 1차 크랙까지는 에어온도와 빈 온도가 기준과 동일하지만 그 후로는 빈 온도가 상승하여 210℃까지 도달하는 데 걸리는 시간이 약간 짧아진 것을 알 수 있다. 로스팅 변수가 같아서 1차 크랙까지는 에어온도와 빈 온도에 큰 차이가 없지만 생두 변수가 다르기 때문에 1차 크랙부터는 모멘텀이 변화하여 편차가 나타나게 된 것이다.

1차 크랙 후에는 높은 온도에 노출된 생두가 산소와 마찰을 빚는 과정에서 이산화탄소 배출량이 늘어난다. 생두는 로스팅을 하면 내부 온도가 상승하면서 세포구조가 확장되고 열과 함께 이산화탄소가 밖으로 빠져나오는데, 이때 팽창에 의해 두께가 얇아진 표면은 열에 약해서 그만큼 연소가 더 활발하게 이루어지기 때문이다.

이러한 과정은 로스팅이 종료될 때까지 반복되며, 연소되는 양이 많은 생두일수록 드럼 내부의 온도와 압력이 빠르게 상승하여 모멘텀이 증가하게 된다.

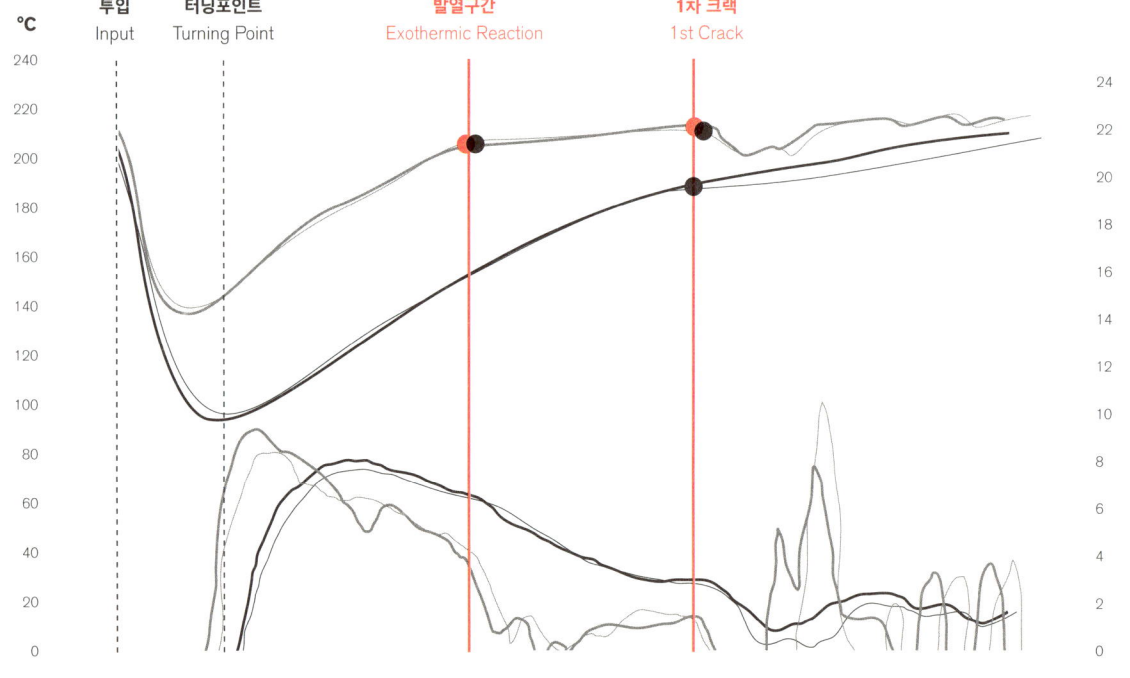

CONCLUSION
—
결론

프로파일 2와 프로파일 3을 분석해 보면 1차 크랙 이전에 축적된 열과 압력이 1차 크랙 이후에 방출되면서 모멘텀이 증가하고, 이에 따라 디벨롭 구간이 길어지거나 짧아지는 것을 알 수 있다.

생두는 모멘텀이 증가할수록 나중에 더 많은 열과 압력을 방출하기 때문에 로스팅도 숏타임으로 진행된다. 따라서 모멘텀에 대한 이해도가 높은 로스터라면 이를 반대로 적용해 롱타임 로스팅을 진행할 수도 있다.

Roasting Profile > **Heat Control and Flavor**
열량 조절과 플레이버

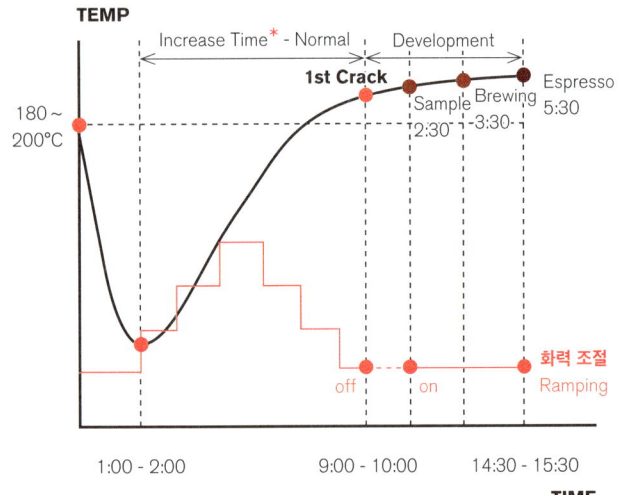

* **Increase Time** : 터닝 포인트에서 1차 크랙까지 도달하는 데 걸리는 시간.

로스터들이 로스팅 프로파일을 구축할 때 가장 심혈을 기울이는 부분이 바로 열량 조절이다. 열량 조절을 통해 열이 전달되는 패턴을 찾고 이를 토대로 다양한 플레이버를 표현할 수 있기 때문이다.

생두는 특정 온도에 도달하면 열을 흡수하기도 하지만 방출하기도 한다. 이때 각 단계에서 일어나는 화학반응을 빠르게 조절하느냐, 느리게 조절하느냐에 따라 어떤 플레이버는 강하게, 또 어떤 플레이버는 약하게 표현할 수 있다. 로스터가 얼마만큼의 열량을 얼마 동안 어떻게 제공하는지가 결과물을 좌우하는 것이다. 로스터가 추측에 의존하지 않고 철저한 계획 하에 로스팅 프로파일을 구축해야 하는 이유도 그 때문이다.

로스터들은 자신이 표현하고자 하는 플레이버에 따라 로스팅 시간과 로스팅 온도를 각각 다르게 설정하는데, 이는 로스팅의 대표적인 화학반응인 흡열과 발열에 대한 지식과 경험이 많은 숙련된 로스터일수록 더 유리하다.
다음은 흡열구간과 발열구간에서의 열량 조절이 플레이버에 어떤 영향을 주는지 알아보기 위해 로스팅을 진행한 결과다.

발열구간에서 최소 열량 공급

언더 디벨롭

1차 크랙이 시작되는 시점에 버너를 2분 이상 끄거나 로스팅을 너무 적은 열량으로 진행할 경우 빈 온도가 에어온도보다 높아지면서 1차 크랙이 일어나는 구간이 짧아지고 디벨롭도 충분히 이루어지지 않는데, 이를 언더 디벨롭이라고 한다.

기본적으로 열전달은 온도가 더 높은 물질에서 낮은 물질로 열에너지가 이동하는 것인데, 이렇게 빈 온도가 에어온도를 상회하게 되면 열이 생두에서 공기로 전달되어 1차 크랙 이후에 화학반응이 잘 일어나지 않는다. 때문에 산미는 강하고 단맛과 바디는 낮으며 밸런스와 복합성이 떨어진다. 경우에 따라 떫거나 astringent 덜 익은 듯한 unripe 느낌이 들기도 한다.

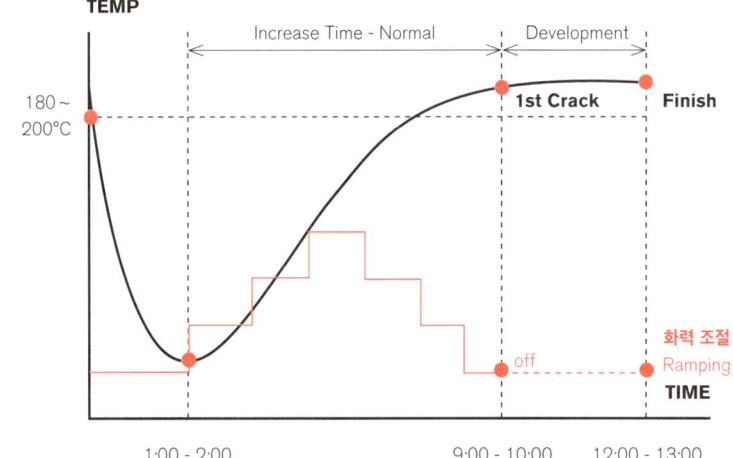

발열구간에서 최대 열량 공급

오버 디벨롭

1차 크랙이 끝나는 시점에 열량을 최대치로 공급한 경우 생두에 가해지는 물리적 압력이 크기 때문에 연소와 화학반응이 빠르게 일어난다. 아로마는 드라이 디스틸레이션 계열의 스모크 향과 탄 향burn이 지배적이며, 높은 단맛과 바디에 비해 산미와 복합성이 떨어지며 간혹 날카로운 맛이 느껴지기도 한다.

디벨롭 구간이 짧은 데다 곧바로 2차 크랙이 진행되기 때문에 원두 표면이 타거나 칩핑chipping(150p) 같은 로스팅 디펙트가 발생하지 않도록 주의해야 한다.

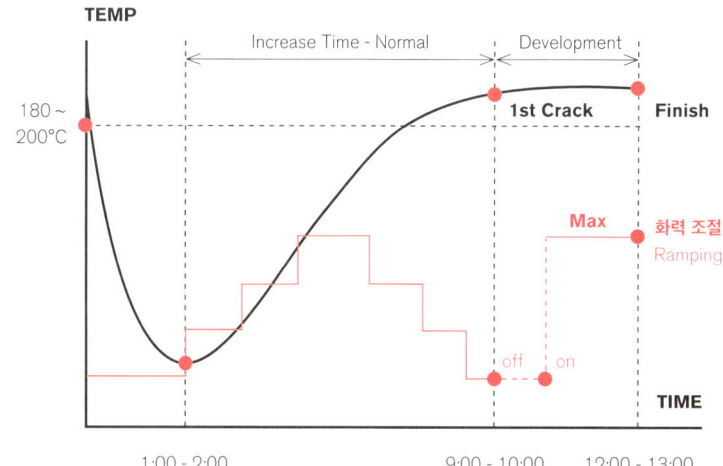

흡열구간에서 최소 열량 공급

메일라드 반응과 캐러멜화를 길게

버너를 끈 상태에서 생두를 투입한 후 터닝 포인트 이후에 버너를 켜서 열량을 공급할 경우 로스팅이 천천히 진행되며 흡열반응이 일어나는 구간도 길어지게 된다.

그만큼 수분 손실이 크고 유기산이 많이 분해되기 때문에 메일라드 반응과 캐러멜화 같은 화학반응이 원활하게 이루어지지 않으며 경우에 따라서는 베이크드 같은 로스팅 디펙트가 이어질 수 있다.

이렇게 로스팅한 커피는 대체로 산미는 약하지만 단맛과 바디가 높으며 부드러운 아로마와 슈가 브라우닝 계열의 너트 향과 캐러멜 향을 느낄 수 있지만 복합성은 떨어지는 편이다.

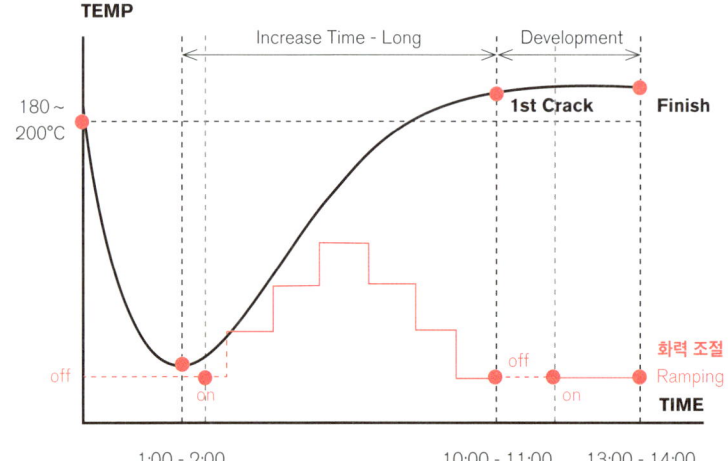

흡열구간에서 최대 열량 공급

메일라드 반응과 캐러멜화를 짧게

화력을 최대치로 높인 상태에서 생두를 투입할 경우 터닝 포인트가 빨라지고 메일라드 반응과 캐러멜화가 발생하는 구간이 짧아지면서 열분해를 통해 단당류를 만들어낼 수 있는 시간적 여유가 줄어들게 된다. 그 결과 산미는 강하고 단맛과 바디는 낮으며 복합성도 떨어진다.

아로마는 슈가 브라우닝 계열의 너트 향이나 몰트 향이 지배적이다. 초반부터 강한 화력을 사용하기 때문에 티핑이나 스코칭 같은 로스팅 디펙트가 일어나지 않도록 주의해야 하지만 로스팅 시간이 짧기 때문에 실전에 잘 활용하면 시간 대비 생산성을 높일 수 있는 방법이다.

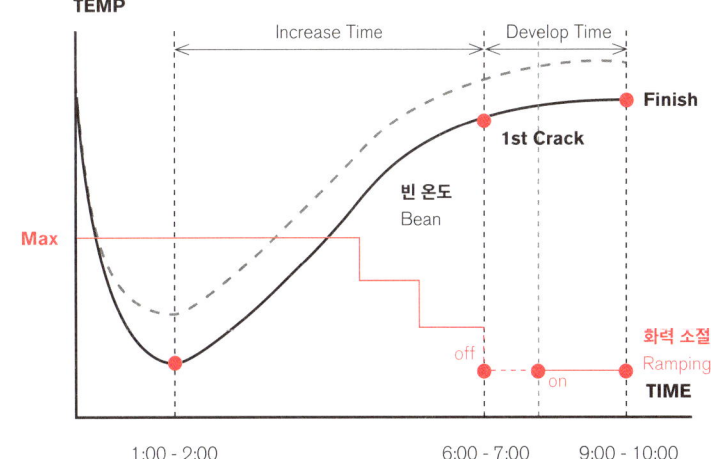

＊ **컵** cup : 한 잔의 커피를 지칭하는 단어.

CONCLUSION
—
결론

이처럼 로스터는 로스팅 프로파일을 구축하기에 앞서 많은 요소를 고려해야 하며, 컵cup*을 통해 검증된 로스팅 프로파일의 입지는 더욱 확고해진다.

브라질 펄프드 내추럴 커피의 로스팅 프로파일별 아그트론 넘버

로스팅 프로파일	아그트론 넘버 Whole Bean	아그트론 넘버 Ground Bean
발열구간에서 최소 열량 공급 - 언더 디벨롭	#46.28	#49.21
발열구간에서 최대 열량 공급 - 오버 디벨롭	#43.17	#46.60
흡열구간에서 최소 열량 공급 - 메일라드 반응과 캐러멜화를 길게	#44.14	#45.81
흡열구간에서 최대 열량 공급 - 메일라드 반응과 캐러멜화를 짧게	#45.21	#45.73

위 표는 브라질 펄프드 내추럴 커피를 로스팅한 결과다. 이 표를 보면 알 수 있듯이 로스팅은 미디엄(아그트론 넘버 #55)과 미디엄 다크(아그트론 넘버 #45) 사이에 진행됐으며, 수치상으로 보기에는 각각의 프로파일로 로스팅한 홀 빈과 그라운드 빈의 색상 편차가 작은 것 같지만 화학반응이 전부 다르게 일어났기 때문에 플레이버의 폭이 다양하다고 할 수 있다. 그래서 원두의 색상은 로스팅 종료 시점을 정하는 데 참고가 될 수 있지만 절대적인 기준으로 적용하기에는 무리가 따른다.
로스터는 로스팅의 진행 방식과 종료 시점을 막연한 추측이 아니라 구체적이고 객관적인 근거를 가지고 세부적으로 검토해야 한다.

Part 3 - ROASTING | 7. **Sample Roasting and Production Roasting**

Sample Roasting and Production Roasting

―――――

샘플 로스팅과 프로덕션 로스팅

Sample Roasting and Production Roasting

Sample Roasting
샘플 로스팅

< 샘플 로스터 >

샘플 로스팅의 목적은 커피가 지닌 속성을 있는 그대로 보여주는 데 있다. 이를 위해 몇몇 로스터들은 디지털 장비와 컴퓨터 프로그램을 활용하지만, 어떤 로스터들은 로스팅 시간과 로스팅 온도, 원두의 색상과 아로마 등을 바탕으로 로스팅 결과를 감각적으로 평가하기도 한다. 하지만 어느 한쪽이 전적으로 옳은 것은 아니기 때문에 이론과 경험, 정량식 평가와 정성식 평가에 대한 균형 잡힌 시각을 가지고 접근해야 한다.

로스터는 샘플 로스팅을 통해 커피에서 발현시킬 수 있는 플레이버에 무엇이 있는지 파악하고 이를 완성하는 데 필요한 여러 가지 요소를 하나하나 꼼꼼하게 평가한다. 하지만 모든 평가 요소를 다 다루는 방식은 없기 때문에 일반적으로 많이 쓰는 미국스페셜티커피협회의 양식을 채택하여 추후 프로덕션 로스팅의 생산 규모와 로스팅 레벨을 정할 때 반영한다.

샘플 로스팅에서 나타나는 플레이버와 실제 프로덕션 로스팅에서 나타나는 플레이버의 차이는 질적인quality 측면과 양적인quantity 측면에서 비교해 볼 수 있다. 테스트를 통해 평가할 수 있는 항목은 다음과 같다.

- ☐ 테이스트
- ☐ 아로마
- ☐ 추출방식(에스프레소, 브루잉)
- ☐ 구성방식(싱글 오리진, 블렌드)

소비자들이 커피를 마실 때 느끼는 플레이버의 미묘한 차이는 로스터들이 샘플 로스팅 결과를 바탕으로 커피에 내재된 다양한 속성을 의도에 맞게 재구성하는 과정에서 발생한다.

[TIP] 미국스페셜티커피협회의 샘플 로스팅과 커핑 방식

미국스페셜티커피협회가 제시한 프로토콜protocol에 따르면 샘플 로스팅 시간은 8~12분 이내로 하며, 8시간 이상 휴지기를 거친 후 24시간 내에 커핑해야 한다.

또한 스코칭이나 티핑 같은 로스팅 디펙트가 없어야 하며 샘플이 오염되는 것을 막기 위해 커핑하기 전까지 밀폐 용기에 담아 보관해야 한다.

로스팅 레벨은 라이트와 라이트 미디엄 사이, 아그트론 넘버는 홀 빈이 #58, 그라운드 빈이 #63 안팎이어야 한다.

Sample Roasting and Production Roasting

Production Roasting
프로덕션 로스팅

- ☐ 로스팅 레벨이 낮을수록 아로마가 섬세하고 산미가 강하다.

- ☐ 로스팅 레벨이 높을수록 단맛과 바디가 높다.

- ☐ 로스팅 레벨이 높을수록 원두의 무게가 감소하고 색상이 어두워진다.

- ☐ 로스팅 레벨이 높을수록 원두의 부피가 팽창하고 커피 고형분의 추출량이 증가한다.

스페셜티 커피의 개성적인 매력을 소비자들에게 온전히 전달하는 것은 생각보다 훨씬 어렵다. 로스터는 제품을 생산하는 입장에서 소비자가 원하는 커피는 무엇이며, 이에 따른 최상의 로스팅은 무엇인지, 각 제품의 목적에 맞는 플레이버를 일관되게 구현하기 위해서는 어떤 플레이버에 중점을 두고 로스팅해야 하는지 등의 문제를 하나씩 풀어나가며 프로덕션 로스팅의 기능을 충족시켜야 한다.

로스팅의 궁극적 목표는 플레이버를 통해 소비자들의 좋은 평가를 받는 것이지만 이에 못지않게 경쟁사들과의 차별성을 두는 것이 중요하다. 로스터들이 로스팅 레벨과 디벨롭 타임이 생두의 화학적, 물리적 변화에 미치는 영향을 이해하고, 그 결과로 나타나는 아로마와 테이스트를 실용적으로 활용할 줄 알아야 하는 이유가 바로 여기에 있다.

로스팅을 시작하기 전에 왼쪽의 내용을 숙지하면 각 제품에 대한 접근방식을 추론하고 원하는 플레이버를 표현하는 데 도움이 될 것이다.

[TIP] 프로덕션 로스팅 시 고려사항

필자가 소속된 뉴웨이브 커피 로스터스에서는 로스팅 시 일관된 결과를 얻기 위해 광범위한 로스팅 변수 중에서도 주로 아그트론 넘버와 무게, 부피, 수분함량, 디벨롭 타임 등에 초점을 맞춰 일정한 패턴을 만들고 이를 로스팅 프로파일에 적용한다.

일반적으로 원두는 로스팅 레벨이 높을수록 부피가 팽창하고 커피 고형분의 추출량이 증가하기 때문에 짧은 시간에 많은 양의 커피 고형분을 뽑아내는 에스프레소는 디벨롭 타임을 35.8%로 26.9%인 브루잉 커피보다 더 높게 설정한다.

브루잉 커피는 섬세한 아로마와 부드러운 신맛, 그리고 풍부한 단맛의 밸런스를 추구하며, 에스프레소는 달콤한 아로마와 중후한 바디, 그리고 깨끗한 애프터 테이스트를 추구한다.

원두 색상은 브루잉 커피가 아그트론 넘버 #55로 미디엄 로스팅에 속하며 무게 손실률은 13~14% 정도지만, 에스프레소는 아그트론 넘버 #45로 미디엄 다크 로스팅에 속하며 무게 손실률이 15~16% 정도다.

[TIP] 디벨롭 구간 설정 방법

지금까지 이야기한 것처럼 로스팅은 단순히 1차 크랙의 시점을 특정 시간이나 온도에 맞추는 것보다 화학반응이 일어나는 디벨롭 타임의 비율을 일정하게 유지하는 것이 더 중요하다. 이는 기종에 상관없이 모든 로스터에 해당되며, 생두를 언제까지 로스팅할 것인지(디벨롭 구간을 어디까지 끌고 갈 것인지)는 추출방식에 따라 다르게 조정한다. 일반적으로 에스프레소는 커피 고형분을 단시간에 최대한 많이 뽑아내야 하기 때문에 디벨롭 구간을 브루잉 커피보다 길게 설정하여 커피 추출이 용이하도록 생두의 조직을 확장시킨다.

디벨롭 타임은 홀 빈과 그라운드 빈의 아그트론 넘버를 통해 파악할 수 있다. 로스팅 시 생두는 겉부터 익기 때문에 내부와 외부의 색상 편차가 클수록 홀 빈과 그라운드 빈의 아그트론 넘버 치이기 그며, 디벨롭 타임이 길어질수록 열이 생두 속까지 깊숙이 전달되어 안과 밖이 골고루 익고, 아그트론 넘버 차이도 줄어든다.

다만 원두 내부와 외부의 아그트론 넘버 편차가 너무 크면 그만큼 겉과 속이 고르게 익지 않았기 때문에 어느 정도 상한선을 정해둘 필요가 있다. 뉴웨이브 커피 로스터스에서는 홀 빈과 그라운드 빈의 아그트론 넘버 편차가 5를 넘으면 판매하지 않는다.

디벨롭 구간과 아그트론 넘버가 플레이버에 미치는 영향을 다음의 두 가지 예를 통해 좀 더 자세히 알아보자.

COSTA RICA YELLOW HONEY
코스타리카 옐로우 허니

디벨롭 타임	수분함량	밀도	무게
2:30	1.7%	565g/l	885g
3:30	1.7%	550g/l	869g
4:00	1.6%	537g/l	869g
4:30	1.5%	510g/l	861g
5:00	1.5%	502g/l	856g
5:30	1.5%	495g/l	854g

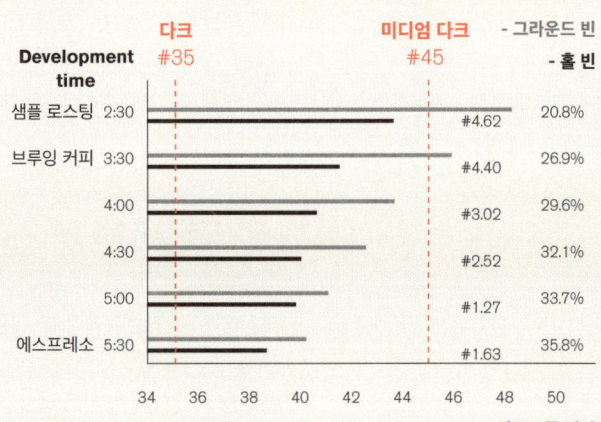

코스타리카 옐로우 허니의 사례를 보면, 그라운드 빈과 홀 빈의 아그트론 넘버 차이가 디벨롭 타임에 관계없이 지속적으로 유지되는 것을 알 수 있다. 이러한 생두는 그만큼 로스팅할 수 있는 범위가 넓기 때문에 브루잉 커피는 물론 에스프레소용 원두로도 사용 가능하다. 또한 아로마의 복합성과 신맛, 단맛, 바디의 밸런스가 뛰어난 유니크한 플레이버를 지니게 된다.

KENYA AB WASHED
케냐 AB 워시드

디벨롭 타임	수분함량	밀도	무게
2:30	1.6%	516g/l	868.5g
3:30	1.6%	502g/l	860g
4:00	1.6%	475g/l	849.5g
4:30	1.6%	458g/l	842g
5:00	1.5%	446g/l	840g
5:30	1.5%	439g/l	838g

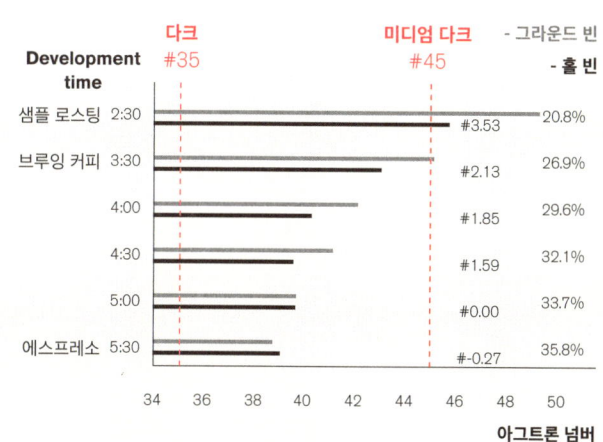

한편 케냐 AB 워시드의 경우, 위 표를 보면 디벨롭 타임이 33.7%일 때는 원두 내부와 외부의 색상 편차가 거의 없다가 35.8%기 되면 역전현상이 일어나는 것을 알 수 있다. 플레이버는 디벨롭 타임이 33.7%가 될 때부터 원두 안팎이 비슷하게 익기 때문에 복합성이 떨어지며 드라이 디스틸레이션 계열의 스모키한 아로마와 쓴맛이 주를 이루게 된다. 이때는 디벨롭 타임을 최대 32.1%로 설정하고, 고유의 캐릭터를 잘 살릴 수 있는 브루잉 커피용 원두로 사용할 것을 권장한다.

Roasting Defect

로스팅 디펙트

로스터는 로스팅에 앞서 각각 다른 생두를 어떻게 로스팅할 것인지 정해야 한다. 생두에 가해지는 물리적 충격을 최소화한 상태에서 화학반응을 효과적으로 이끌어내는 것이 가장 이상적인 방법이지만, 이를 위해서는 우선 경험을 통해 로스팅 프로세스에 대해 명확히 인지해야 한다.

하지만 어떤 로스터든 경험치가 쌓이기 전까지는 많은 난관에 봉착하기 마련이다. 의도와 다르게 로스팅 속도가 너무 빠르거나 느리면, 혹은 로스팅 온도가 너무 높거나 낮으면 플레이버에 부정적인 영향을 주게 되어 결과물이 일관성을 잃어버리기 때문이다.

로스터의 실수로 인해 발생할 수 있는 로스팅 디펙트에는 무엇이 있는지 좀 더 자세히 살펴보도록 하자.

〈 탄화된 원두의 모습 〉

로스팅 디펙트의 종류

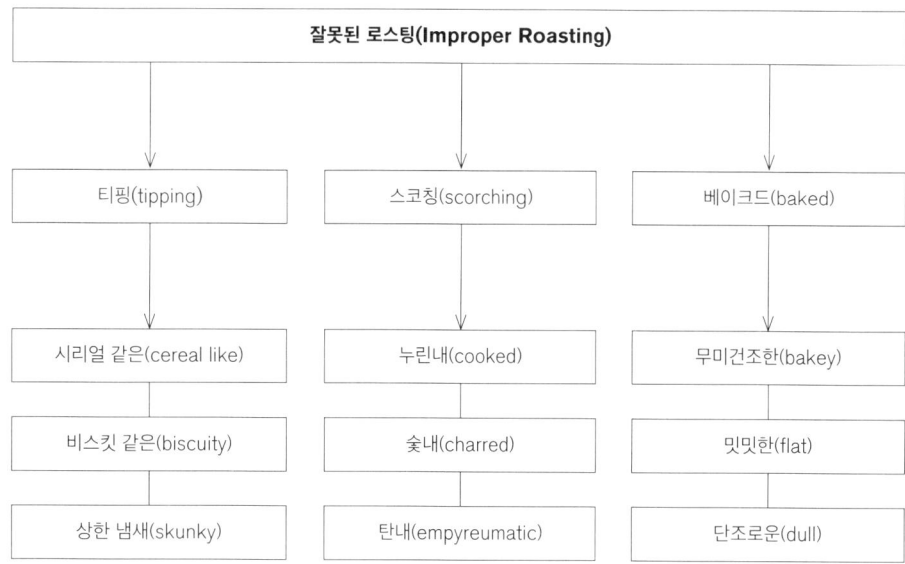

Roasting Defect 〉

Scorching
스코칭

TEMP

Increase Time - Short | Development

UP
180 ~ 200°C
Max

1st Crack — Finish

off
on
화력 조절
Ramping

1:00 - 2:00   6:00 - 7:00   9:00 - 10:00

TIME

로스터를 장시간 예열하거나 투입온도가 일반적인 기준인 200℃보다 높은 상태에서 로스팅을 시작하면 강한 화력에 의해 드럼 내부의 금속물질이 과열되어 생두와 접촉하는 부분에 너무 많은 열이 전달된다.

그 결과 메일라드 반응이 일어나기 전인 투입과 옐로우 사이에 원두 표면이 타거나 일부분이 검게 그을리게 되는데, 이를 스코칭이라고 한다. 드럼이 한 겹으로 되어 있는 로스터나 버너가 드럼을 직접 가열하는 로스터일 경우, 혹은 드럼 용량에 비해 배치 사이즈가 적은 경우 스코칭이 나타나게 된다.

생두가 드럼 내에서 적절히 교반되지 않은 경우에도 스코칭이 발생할 확률이 높다.

Roasting Defect > **Tipping**
티핑

로스팅을 강한 화력으로 너무 빠르게 진행하면 생두 내부와 외부의 온도차가 점점 커지면서 부피가 불규칙적으로 팽창하게 되고, 이로 인해 생두의 투과성(수분과 이산화탄소를 밖으로 내보내는 성질)은 낮아지는 반면 압력은 급격하게 높아진다. 생두의 표면은 수분이 빠른 속도로 증발하면서 두께가 얇아지게 되는데, 이때 생두 내부의 증기압이 표면의 약한 지점을 통해 강하게 분출되면서 일부분이 타거나 구멍이 생기는 티핑이 발생하게 된다.

생두 끝부분에 있는 배아는 아주 얇은 세포막으로 감싸져 있어 열기에 매우 취약하다. 따라서 로스팅을 하면 종종 타는 경우가 발생하기도 하는데, 이는 티핑과 전혀 다른 현상이므로 오인하지 말아야 한다.

Roasting Defect

Chipping
칩핑

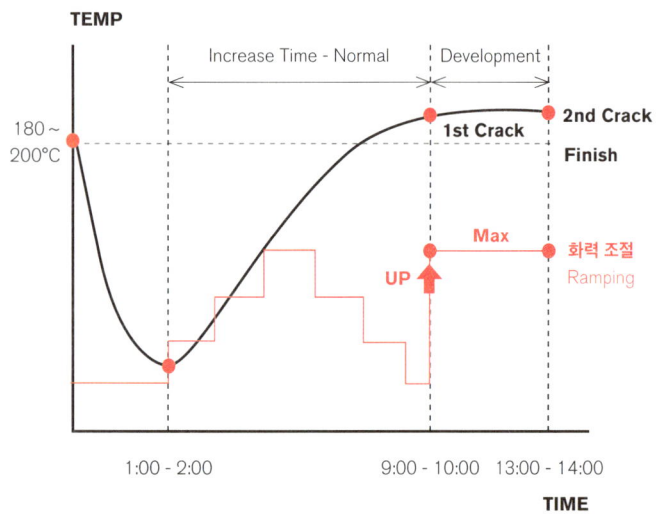

로스팅 시 발열구간인 1차 크랙과 2차 크랙 사이에 생두에 너무 많은 열량을 공급하면 2차 크랙에서 칩핑이 발생할 수 있다.

여러 겹의 세포구조로 이루어져 있는 생두는 열이 모든 레이어layer를 통과하려면 어느 정도 시간이 필요하다. 때문에 짧은 시간에 너무 많은 열을 가하면 오히려 생두가 열을 흡수할 수 있는 용량을 초과하여 열이 다른 레이어로 전달되기도 전에 표면의 약한 지점이 타버리고, 이산화탄소 배출량이 급속도로 늘어날 수 있다.

특히 원두는 이산화탄소에 의해 연소가 일어나는 2차 크랙부터 표면의 원형 조각이 떨어져 나가게 되는데 이때 칩핑도 많이 나타나게 된다.

Roasting Defect > Baked
베이크드

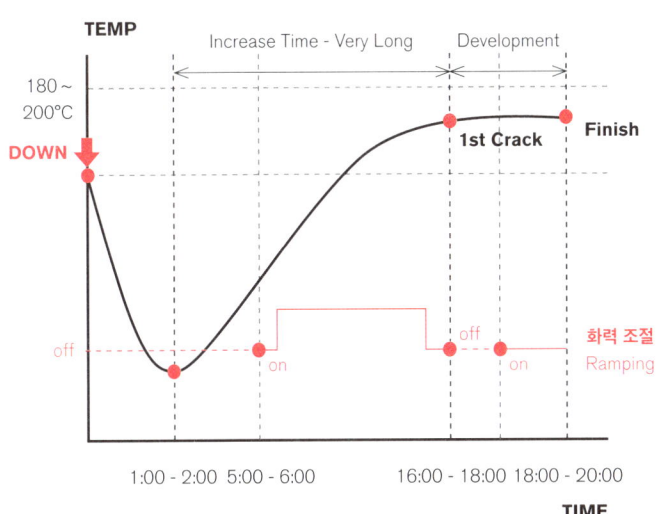

로스팅 시 생두의 투입온도를 너무 낮게 설정하거나 지나치게 적은 열량으로 로스팅을 시작할 경우, 투입부터 1차 크랙까지 열이 전달되는 속도가 느려지면서 로스팅 시간이 필요 이상으로 길어지고 생두의 색상 변화와 팽창도 잘 이루어지지 않는다. 이러한 원두를 베이크드라고 하는데, 이렇게 20분 이상 장시간 로스팅한 원두는 탈수현상 때문에 유기산이 제대로 분해되지 않고 메일라드 반응이나 캐러멜화 같은 화학반응도 미미하게 일어나 플레이버가 생동감을 잃게 된다. 또한 생두 내부의 증기압이 낮아 1차 크랙이 원활하지 않고, 육안으로는 판별이 어려워 맛으로만 구분이 가능하기 때문에 주의할 필요가 있다.

Roasting Defect >

Under
언더

1차 크랙에서 열량을 너무 적게 공급하여 생두 내부에 열이 충분히 전달되지 않은 경우, 혹은 원두를 1차 크랙 도중에 배출하여 디벨롭 구간이 지나치게 짧아진 경우 플레이버가 제대로 형성되지 않아 언더 같은 로스팅 디펙트가 발생할 수 있다.

언더는 대부분 표면이 밝으며 원두 내부와 외부의 색상 편차도 크다. 열량이 충분히 공급되지 않았기 때문에 부피 팽창이 잘 일어나지 않고 원두의 밀도도 높은 편이다.

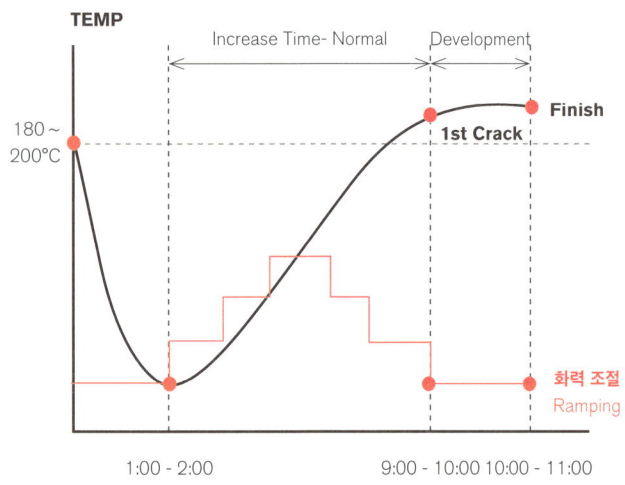

Roasting Defect

Over
오버

생두를 너무 강한 화력으로 로스팅해서 표면이 타버리거나 색상이 지나치게 어두워진 경우, 혹은 2차 크랙 이후에 계속 로스팅을 진행해서 원두 표면의 커피오일이 쉽게 발견되는 경우를 일컬어 오버라고 부른다.

오버는 원두의 일부가 타버렸기 때문에 상대적으로 방향족 화합물이 적으며, 아로마와 플레이버도 양적으로나 질적으로 떨어지는 편이다.

부피가 과도하게 팽창한 상태기 때문에 약한 충격에도 잘 깨지며, 무게 손실률도 20% 이상으로 상당히 높다. 원두의 색상은 외부보다 내부가 더 어둡다.

Blending

4

Part 4

BLENDING

———

블렌딩

블렌딩은 커피의 향과 맛 그리고 질감을 재구성하여 개성 있는 플레이버를 표현하는 작업이다. 하지만 블렌딩은 다양한 플레이버를 표현하는 것보다 플레이버의 밸런스를 유지하며 품질을 안정적으로 관리하는 것이 더 중요하다.

블렌딩은 여러 가지 커피를 그저 섞기만 하는 것이 아니라 플레이버에 변화를 주는 것이다. 좋은 블렌드는 맛이라는 기본 구성요소에 아로마와 질감이 어우러져 전체적으로 조화를 이룬다. 커피의 좋은 질감은 나쁜 쓴맛을 완화시키고, 단맛과 신맛에 잘 어울리는 아로마를 더하면 커피의 캐릭터가 살아난다.

단순한 이론 같지만 블렌딩 역시 로스팅과 마찬가지로 풍부한 경험이 뒷받침되어야 한다. 고품질의 생두를 사용하는 것은 물론, 생두의 품종과 프로세스 등에 대한 이해를 토대로 블렌드를 개발해야 한다.

Blending Method

블렌딩 방법

Blending Method

Purpose of Blending
블렌딩의 목적

블렌딩을 하기 전에는 어떤 고객과 시장을 타깃으로 할 것인지를 먼저 정해야 한다. 그래야만 로스터가 의도하는 플레이버의 방향이 명확해지고 이에 맞는 효과적인 생산방식을 택할 수 있기 때문이다. 실제로 커피를 전문적으로 다루는 스페셜티 커피숍인지, 후식으로 커피를 제공하는 레스토랑인지에 따라 블렌드에 들어가는 원두가 달라진다.

블렌딩은 목적에 따라 특정 플레이버를 드러내거나 감출 수 있고, 싱글 오리진으로 구현하기 힘든 복합적인 플레이버를 일관되게 유지할 수도 있다. 하지만 여러 가지 플레이버를 다 내고 싶은 욕심에 무작정 종류만 늘리면 오히려 각 커피의 개성이 사라져 맛이 평범해질 수 있다는 점을 유념해야 한다.

서로 다른 커피를 섞는다고 해서 플레이버가 무조건 좋아지는 것은 아니다. 다크 초콜릿 플레이버를 가진 브라질 커피와 블랙베리 플레이버를 가진 에티오피아 커피를 1대 1로 블렌딩한다고 다크 초콜릿 향과 블랙베리 향이 반반씩 나는 커피가 되진 않기 때문이다. 생각보다 블랙베리 향이 강해서 다크 초콜릿 향이 느껴지지 않을 수 있고, 예상과 달리 다크 초콜릿과 블랙베리가 잘 어울리지 않을 수도 있다.

Blending Method

> ## Considerations for Blending
> 블렌딩 시 고려사항

* **선블렌딩** : 생두를 먼저 블렌딩한 다음 로스팅하는 방식.

* **후블렌딩** : 생두를 각각 로스팅한 다음 블렌딩하는 방식.

블렌드의 특성을 효과적으로 이끌어내려면 다양한 구성요소가 적절하게 뒷받침되어야 한다. 블렌드에 들어가는 생두의 수급이 안정적인지, 원하는 플레이버를 표현하기 위해 로스팅 레벨은 어디까지로 설정할 것인지, 선블렌딩*과 후블렌딩* 중 어떤 방식을 택할 것인지 등의 문제를 해결하려면 로스터가 처음부터 컨셉을 잡고 일정한 원칙 아래 블렌드를 디자인해야 한다.

블렌딩을 할 때는 서로 다른 품종의 생두를 사용하는 것이 플레이버 향상에 도움이 되며 이를 통해 새로운 플레이버를 만들어낼 수도 있다. 이것이 바로 우리가 블렌딩을 하는 목적이자 다른 경쟁사들과 차별화되는 전략이기도 하다.

Blending Method > **Elements of Blending**
블렌딩의 구성요소

로스팅의 난점은 아무리 훌륭한 로스터라도 한 가지 생두로 모든 플레이버를 표현하는 것은 불가능하다는 점이다. 하지만 때로는 블렌딩 비율을 어떻게 조정하느냐에 따라 싱글 오리진보다 독특하고 균형 잡힌 플레이버를 구현할 수도 있다.

블렌딩은 단순히 여러 가지 커피를 섞기만 하는 것이 아니라 일정한 원칙을 가지고 특정 플레이버를 조합하는 것이다. 표현하고자 하는 플레이버가 스파이시spicy라면 어떤 생두를 사용했을 때 조화로운 스파이스 향이 나는지 예측할 수 있어야 한다. 다만 너무 많은 종류의 플레이버를 조합하면 밸런스가 깨질 수 있으니 주의해야 한다.

블렌딩을 이해하려면 우선 플레이버를 구성하는 아로마, 산미, 단맛의 상관관계를 알고 있어야 한다. 일반적으로 아로마는 커피에 캐릭터를 부여하고 단맛은 베이스의 역할을 한다. 산미는 플레이버 전체를 주도하진 않지만 단맛을 보조한다. 실제로 물 1L에 설탕 30g을 타서 마시면 처음에는 달고 맛있는 것 같지만 산미가 없기 때문에 끝까지 계속 마시기 힘들다. 이럴 때 레몬이나 자몽 같은 시트러스 계열의 아로마와 산미를 더해 밸런스를 맞추면 복합성이 향상되면서 플레이버가 풍부해지는 것을 느낄 수 있다.

Blending Method

Production Expense and Selling Price of Blend
블렌드의 생산비용과 판매가

국내에 유통되는 싱글 오리진은 생두의 도매가가 비교적 안정적이기 때문에 판매가를 책정하기에도 용이하지만 커피나무는 작물의 특성상 그해의 작황과 재고 물량 같은 산지 상황에 따라 수급과 공급이 불안정하다는 단점이 있다.
이에 반해 여러 산지의 생두를 사용하는 블렌드는 한 가지 생두에 문제가 생기더라도 대체할 수 있는 대안이 마련되어 있기 때문에 상대적으로 수급과 공급이 안정적이고 균일한 플레이버를 유지할 수 있다. 하지만 산지별로 생두의 도매가가 천차만별이라 구매관리 비용이 증가하고 판매가를 책정하기가 어렵다는 것이 단점이다.

따라서 특정 산지의 커피가격이 상승하거나 수급과 공급이 원활하지 않을 때를 대비해 생두를 미리 확보해두는 것은 블렌드의 생산비용을 절감시키는 방법 중 하나라고 할 수 있다.

블렌딩에 사용되는 생두의 로스팅 프로파일이 같으면 선블렌딩을 통해 생산과정을 줄이고 비용도 절감할 수 있지만, 후블렌딩의 경우 생두의 로스팅 프로파일이 제각각 다르기 때문에 로스팅을 여러번 해야 하는 번거로움이 있다.

싱글 오리진과 블렌드의 장단점

	장점	단점
싱글 오리진	커피가 지닌 고유의 플레이버를 즐길 수 있다. 사용하던 생두가 단종 되면 비슷한 플레이버의 커피로 대체하면 된다.	생두의 가격과 수급 및 공급이 불안정하고, 매년 같은 농장에서 같은 생두를 구매하더라도 동일한 품질을 보장받기 어렵다.
블렌드	소비자가 원하는 플레이버를 의도적으로 구현하여 제품에 대한 선호도를 높일 수 있다. 한 가지 생두에 문제가 생기더라도 대안이 마련되어 있기 때문에 안정적으로 생산할 수 있다.	한번 제품으로 출시된 블렌드는 변화를 주기가 쉽지 않다. 제품 개발하는 데 비용이 많이 든다.

후블렌딩과 선블렌딩의 차이점

	로스팅 레벨		특징
후블렌딩	라이트(light) / 미디엄(medium) / 다크(dark)	블렌딩에 사용되는 생두의 수만큼 다양한 로스팅 프로파일을 적용한다.	상대적으로 섬세한 플레이버를 표현할 수 있지만 생산과정이 복잡하고 생산비용도 높다.
선블렌딩	하나의 로스팅 프로파일을 적용한다.		생산과정이 단순하고 생산비용도 낮지만 플레이버가 상대적으로 단조로운 느낌이 있다.

블렌딩 유형

1. 종이 다른 커피를 사용   아라비카 + 로부스타

2. 품종이 다른 커피를 사용   버번 + 카투라

3. 산지가 다른 커피를 사용   케냐 + 브라질

4. 로스팅 레벨이 다른 커피를 사용   라이트 + 미디엄

5. 프로세스가 다른 커피를 사용   워시드 + 내추럴

블렌딩 과정

1. 중성적인 성격의 커피로
   베이스를 만든다.

   뉴트럴 + 단맛 or 바디

2. 강조하고 싶은 아로마를 지닌 커피로
   플레이버의 캐릭터를 더한다.

   베이스 + 복합성

3. 워시드 커피를 섞어
   산미를 강조한다.

   베이스 + 워시드

4. 내추럴 커피나 허니 프로세스
   커피를 섞어 단맛을 강조한다.

   베이스 + 내추럴 or 허니

Green Bean Selection

―――――

생두 선정

블렌딩은 플레이버와 질감 모두를 변화시키는 작업이기 때문에 그렇게 간단하지만은 않다. 블렌드의 완성도를 높이려면 우선 플레이버가 서로 상호 보완하는 부분을 파악한 후 사용할 생두를 선정해야 한다.

품질이 좋은 생두는 높은 단맛과 신맛이 쓴맛을 중화시키는 동시에 향신료나 말린 과일처럼 긍정적인 플레이버로 나타날 수 있지만, 품질이 좋지 않은 생두는 강한 쓴맛이 다른 맛을 압도해 오히려 부정적인 플레이버로 표현될 수도 있다.

단맛은 다른 맛을 극대화시키기 위한 용도로 블렌딩에 광범위하게 활용되며 부드러운 신맛은 입 안을 환기시키는 역할을 하며 신선한 느낌을 준다. 질감이 거칠고 떫은맛이 나는 생두는 전체적으로 플레이버의 밸런스가 좋지 않지만, 버터처럼 질감이 부드럽고 맛이 깨끗한 생두는 블렌딩 후에도 본연의 플레이버가 선명하게 느껴진다. 때문에 생두 선정은 블렌딩에 있어서는 무엇보다 중요하다고 할 수 있다.

Green Bean Selection

Base
베이스

블렌드의 30~50%를 차지하는 베이스는 단맛과 바디가 좋고 다른 생두와 쉽게 호환될 수 있는 중립적인 성향을 지녀야 한다. 일반적으로 브라질 내추럴 커피와 펄프드 내추럴 커피, 인도네시아 워시드 커피를 많이 사용한다.

Sweetness
단맛

블렌드에 단맛을 더하고 싶다면 달콤한 플레이버와 좋은 바디를 지닌 생두가 적합하다. 내추럴 프로세스나 허니 프로세스로 가공한 파나마, 인도네시아, 예멘, 과테말라, 코스타리카, 에티오피아 커피를 고려해볼 만하다.

Green Bean Selection

Acidity
산미

블렌드에서 산미를 담당하는 생두는 밀도가 높고 품질이 좋으며 워시드 프로세스로 가공한 콜롬비아, 케냐, 과테말라, 파푸아뉴기니 커피가 주를 이룬다.

Complexity
복합성

풍부한 아로마로 커피에 존재감을 드러내는 생두가 적절하다. 내추럴 프로세스로 가공한 파나마, 워시드 프로세스로 가공한 에티오피아 커피가 대표적이다.

Blending Trend

블렌딩 트렌드

블렌딩 방식은 로스터 개개인이 플레이버를 만들어내는 방법에 따라 달라진다.
로스터들은 블렌드의 컨셉을 정할 때 단맛, 신맛, 쓴맛 등의 기본적인 맛에 아로마를 더한다. 그런 다음 맛과 아로마에 어울리는 질감을 찾는데, 이는 밸런스와 애프터 테이스트에 영향을 주며 전체적인 복합성을 향상시키는 역할을 한다.

커피의 맛과 농도는 서로 영향을 주고받기 때문에 한 가지 맛이 너무 강하면 다른 맛이 압도되어 플레이버가 단순해질 수 있다. 실제로도 단맛이 신맛보다 높으면 잘 익은 과일의 풍미가 느껴지고, 단맛과 신맛이 적절하게 뒷받침된 쓴맛은 초콜릿처럼 긍정적인 뉘앙스를 풍긴다. 또한 바디가 좋은 커피는 쓴맛이 부드럽고 애프터 테이스트도 깨끗하지만, 그렇지 않은 커피는 여운이 짧고 떫은맛이 나는 등 플레이버에 일부 결함이 나타나기도 한다.

최근 미국에서는 '커피 제3의 물결3rd wave coffee'의 영향으로 향긋하고 상큼한 꽃향기와 과일 향을 선호하는 경향이 생기면서 이러한 아로마에 어울리는 산미를 추구하는 움직임이 일고 있다. 미국 로스터들은 2~3종의 커피를 블렌딩하는 것을 선호하며, 주로 워시드 프로세스를 거친 에티오피아, 케냐 커피를 사용하는데, 경우에 따라서는 생두 수급이 안정적인 중미나 콜롬비아 커피를 사용한다.

호주는 대부분의 소비자들이 우유가 들어간 커피를 마시기 때문에 블렌드를 개발할 때도 우유와 커피의 조화에 가장 중점을 둔다. 지역마다 조금씩 차이가 있긴 하지만 대체로 커피에 우유를 첨가했을 때 느껴지는 단맛과 밸런스에 초점을 맞춘다.
주로 생산량이 풍부하고 높은 퀄리티의 마이크로 랏을 쉽게 구할 수 있는 콜롬비아 커피를 베이스로 사용하며, 여기에 단맛을 높이고 캐릭터를 부여하기 위해 추가로 중미나 아프리카 커피 2~4종을 블렌딩한다.

한편 이탈리아는 전통적으로 밸런스를 중시하기 때문에 16세기부터 아라비카와 로부스타를 블렌딩해 왔다. 아라비카의 단맛과 로부스타의 쓴맛이 조화를 이루면 고급 다크 초콜릿의 플레이버와 비슷하기 때문인데, 이탈리아 로스터들 사이에서는 아라비카 7 : 로부스타 3이 가장 보편적인 비율이며, 원두를 대량 생산하는 메이저 회사들의 경우 원활한 생두 수급을 위해 적게는 7종에서 많게는 13종의 생두를 블렌딩한다.

Quality Control

5

QUALITY CONTROL

—

품질평가

QC의 목적은 평가를 통해 커피의 품질을 유지하고 향상시키는 것이지만 그 과정은 평가방법에 따라 얼마든지 바뀔 수 있다. QC에 있어서는 제품의 품질을 향상시키는 것 못지않게 결과물이 일정하지 않을 때 문제를 인식하고 해결방안을 모색하는 것도 중요하다. 리스크 관리를 통한 이윤추구도 QC의 주요 목적이기 때문이다. 로스팅 시 플레이버는 QC의 주체가 각 평가항목을 바라보는 관점에 따라 다르게 발현되는데, 이 말은 즉 로스터가 표현하고자 하는 플레이버가 QC의 영역을 정한다는 뜻이다.

Evaluation Items

평가항목

커피의 품질을 평가하는 방식에는 센서리 평가와 물리적 평가, 두 가지가 있다. 센서리 평가와 물리적 평가는 서로 상관관계가 있지만 평가항목이 다르다. 생두의 상태를 보면 생산시기와 프로세스, 수분함량, 밀도, 스크린 사이즈 등의 많은 정보를 얻을 수 있지만 정작 원두로 로스팅하거나 커피를 추출했을 때 어떤 플레이버가 날지는 정확히 알기 어렵다.

플레이버가 예상을 훨씬 뛰어 넘을 수도, 생각보다 기대에 못 미치거나 더 나쁠 수도 있기 때문이다. QC를 할 때 센서리 평가와 물리적 평가가 둘 다 필요한 것도 이러한 이유에서다.

Evaluation Items   >   Sensory Evaluation
센서리 평가

센서리 평가는 다양한 신체기관을 이용해 커피의 관능적인 부분인 아로마와 맛, 질감 등을 평가하는 것이다. 이를 토대로 커피가 상품으로서 지녀야 할 재현성과 균일성을 점검하고 로스팅 디펙트의 유무도 확인할 수 있다.

센서리 평가는 총 세 단계로 이루어진다.

첫 번째 단계는 품질 평가에 필요한 요소를 아로마, 신맛, 단맛, 바디 등의 항목으로 구분해 기준을 마련하는 것이다. 평가요소는 측정 가능하고 수치로 표현할 수 있는 형태여야 하는데, 추후 제품에 적용하고 품질을 체계적으로 관리하기가 용이하기 때문이다.

센서리 평가는 주로 커핑을 통해 이루어지며 평가주체에 따라 커핑 폼도 차이가 있다. 에티오피아 예가체프 커피를 평가할 때 항목별로 1~10점의 척도를 사용한다고 하면, 10점 만점에 아로마는 6~7점, 신맛은 4~5점, 단맛은 5~6점, 바디는 3~4점이라는 식으로 점수를 매기는 식이다.

다음 단계는 각 평가항목을 질적인 부분과 양적인 부분으로 세분화하는 것이다. 아로마의 경우 양적인 부분은 강도를 뜻하며, 로우low, 미디엄medium, 하이high로 나눠 평가할 수 있다. 질적인 부분은 엔지매틱, 슈가 브라우닝, 드라이 디스틸레이션으로 나눠 설명할 수 있으며, 이 세 가지 계열의 아로마를 다 가지고 있는 커피나 강도가 높은 커피는 품질이 좋다고 볼 수 있다.

아로마는 유기산의 종류에 따라서도 조금씩 다르게 느껴진다.
예를 들어 유기산의 일종인 구연산은 레몬, 오렌지 등의 시트러스 계열 과일에서 느낄 수 있는 산으로 식물의 광합성을 통해 생성되며, 구연산이 강렬하고 자극적이면 덜 익은 오렌지가 연상되는 낮은 품질의 커피로, 상큼하고 부드러우면 잘 익은 오렌지가 연상되는 높은 품질의 커피로 인지하게 된다.

하지만 커피에서는 이러한 구연산보다 또 다른 종류의 유기산인 사과산을 더 높이 평가하는데, 신맛이 강한 구연산과 달리 사과산은 단맛이 함께 느껴지기 때문이다. 사과산은 구연산과 당이 합성된 것으로 고급 과일에 속하는 청사과, 복숭아, 파인애플, 망고 등에서 느낄 수 있는 좋은 산미를 지니고 있다.
커피는 재배고도가 높을수록 큰 일교차 때문에 익는 속도가 느려져 더 많은 사과산을 합성하게 된다.
구연산보다 사과산의 비중이 높은 커피는 신맛보다 단맛이 강해서 맛있는 청사과가 연상되지만,
사과산보다 구연산의 비중이 높은 커피는 단맛이 신맛에 비해 약해서 풋사과나 시트러스 계열의 과일이 연상된다.
같은 신맛도 이를 뒷받침해주는 단맛의 정도에 따라 좋은 품질로 인식할 수도, 나쁜 품질로 인식할 수도 있는 것이다. 커피의 아로마와 맛이 일치하지 않을 때도 품질이 낮다고 여길 수 있다.

Evaluation Items   >   **Physical Evaluation**
물리적 평가

물리적 평가는 커피의 품질을 세부적으로 측정하기 위해 물리적 특성을 기준으로 평가항목을 나눈 것이다. 물리적 평가에서는 세부 평가항목이 바뀌거나 커피가 특정 조건에 부합하지 않는 경우 플레이버에 영향을 미칠 수 있다고 판단한다.

생두를 예로 들면 색상과 스크린 사이즈, 밀도, 수분함량, 디펙트 수 등의 체크리스트를 작성해 물리적으로 구별되는 성질을 파악하는 것이다. 스크린 사이즈가 일정하지 않은 생두는 열전달이 고르게 이루어지지 않아 균일한 로스팅 결과를 얻기 어렵고, 마찬가지로 디펙트 수가 많은 생두는 로스팅의 일관성이 떨어져 플레이버에도 나쁜 영향을 주기 때문이다.
일례로 어떤 블렌드의 구성 비율은 원래 에티오피아 예가체프 30%, 브라질 50%, 콜롬비아 20%인데, 같은 제품을 만들 때 블렌딩 비율이 에티오피아 시다모 40%, 브라질 30%, 인도네시아 30%으로 바뀌면 평가기준에 어긋나는 것이다.
프로세스가 다른 경우도 마찬가지다.

평가항목이 원두의 색상일 때는 아그트론 넘버를 내추럴 커피는 #55로, 워시드 커피는 #65로 지정하거나 홀 빈과 그라운드 빈의 오차범위를 #5 이하로 설정했는데 로스팅한 결과 아그트론 넘버가 #35라면 다크 로스팅에 해당되어 평가기준에 부합하지 않는다고 본다.

마지막으로 평가항목이 로스팅 프로파일인 경우에는 디벨롭 타임의 기준을 브루잉 커피는 22~24%, 에스프레소는 36~38%라는 식으로 세우면 된다. 이밖에 원두의 무게 손실률도 세부 평가항목이 될 수 있다.

Extraction and TDS

추출과 농도

추출은 센서리 평가를 위해 반드시 거쳐야 하는 과정으로, 각종 도구와 장비를 사용해 브루잉 커피나 에스프레소 등의 형태로 진행한다.

그중 하나인 커핑은 분쇄원두를 물에 우리는 인퓨전infusion 방식으로, 브루잉 기구와 에스프레소 머신은 분쇄원두와 물을 필터에 여과시키는 퍼콜레이션percolation 방식으로 커피를 추출한 후 플레이버를 평가한다.

추출 시 얼마만큼의 커피 고형분이 뽑아져 나오는지는 TDS로 나타낼 수 있는데, 이는 총 용존 고형물Total Dissolved Solids의 줄임말로 물에 얼마나 많은 커피 고형분이 녹아있는지 보여주는 수치다.
일반적으로 TDS 수치가 높으면 농도가 진하고 플레이버도 강해지며, 반대로 TDS 수치가 낮으면 농도가 연하고 플레이버도 약해진다. 그러므로 추출에 앞서 TDS 데이터를 기반으로 QC의 구체적인 목표를 설정하면 보다 정확한 센서리 평가가 가능해진다.

추출의 목적은 각자가 추구하는 플레이버와 TDS 수치에 따라 다르기 때문에 센서리 평가도 일정한 범주 내에서 원칙에 의해 이루어져야 한다.

Extraction and TDS

* 원두(g)×추출수율(%)/TDS(%)=물(g)

Ratio
비율

비율, 즉 라티오는 커피 추출 시 사용되는 원두 양 대비 물 양을 뜻한다. 원두 55g과 물 1L의 라티오를 계산*하면 0.055가 나오는데, 이 방법을 응용하면 230ml의 물로 라티오가 0.055인 커피를 추출하려고 할 때 12.65g의 원두가 필요하다는 사실을 알 수 있다. 국가별 표준에 따르면 미국은 0.055, 유럽은 0.060의 라티오로 커피를 추출한다.

TDS
농도

라티오가 높을수록 사용하는 원두의 양이 많기 때문에 TDS 수치도 높아진다. 미국스페셜티커피협회의 TDS 범위는 1.15에서 1.35로, 유럽스페셜티커피협회의 TDS 범위인 1.20에서 1.40보다 더 낮다. TDS 수치가 높으면 농도가 진하고 TDS 수치가 낮으면 농도가 연하다.

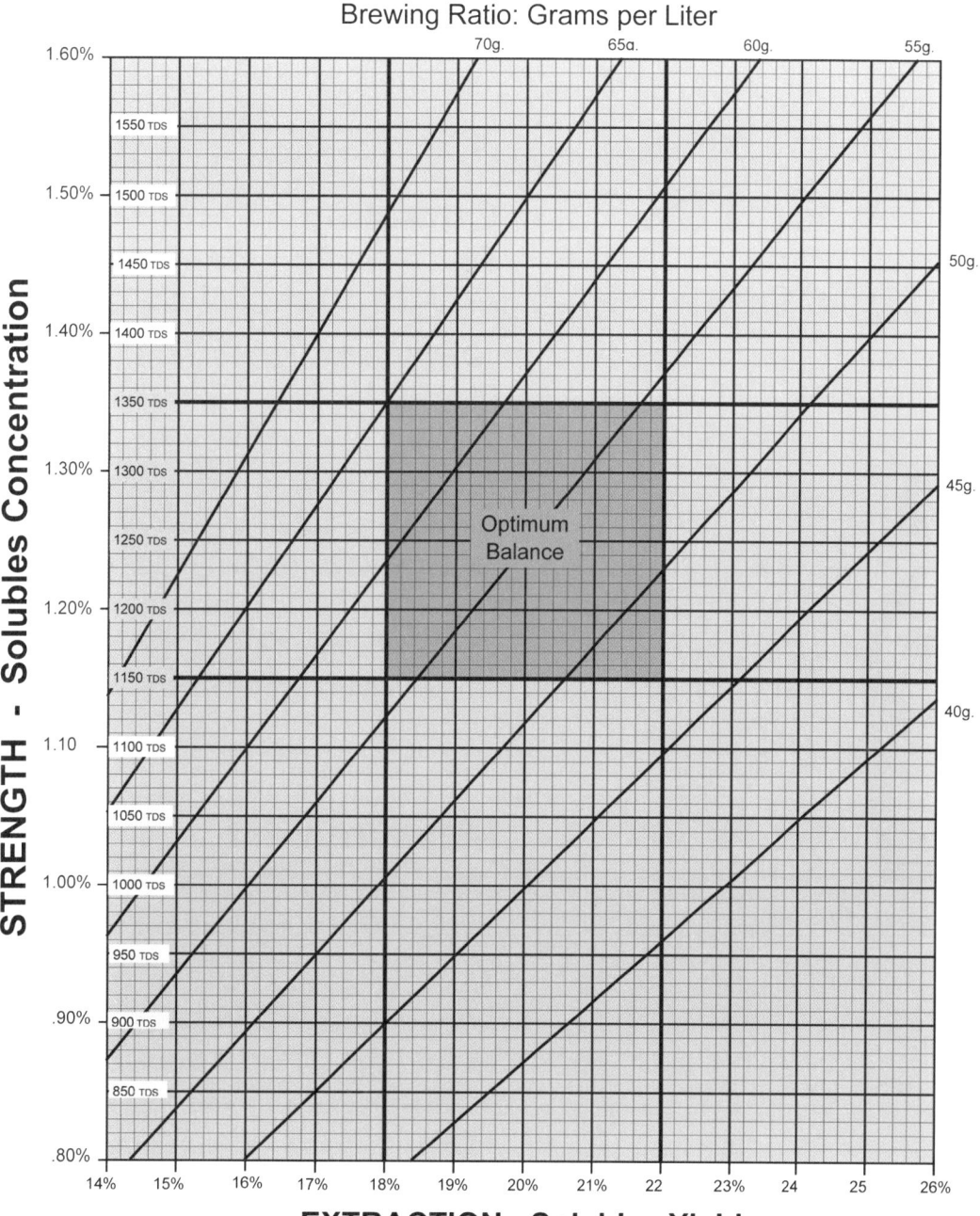

Extraction and TDS

Extraction
추출

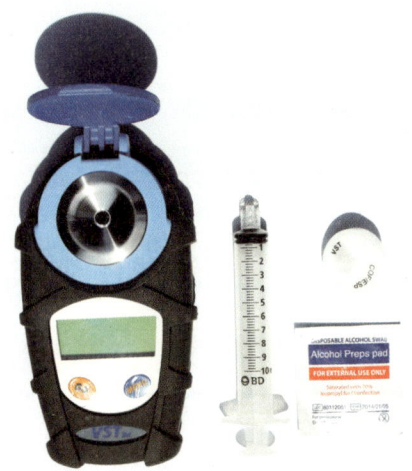

< TDS 측정기 >

추출은 고체 상태의 원두가 액체 상태의 커피로 전환되는 것을 뜻하며, 다른 한편으로는 커피 고형분의 일부가 물에 녹아드는 것을 뜻한다. 55g의 원두 중 20%가 추출되었다는 말은 그중 11g의 커피 고형분이 고체에서 액체로 상태가 전환되었다는 의미다.

일반적으로 브루잉 커피의 추출 범위는 18~22%로 18%보다 낮으면 산미가 강조되고 22%보다 높으면 쓴맛이 강조된다.

Measurement
측정

TDS 수치는 VST 사에서 개발한 굴절계를 이용해 측정할 수 있는데, 굴절계와 함께 제공되는 프로그램에 물 양과 원두 양, 그리고 실제로 추출한 커피의 TDS 수치를 입력하면 사용자가 설정한 목표 값에 도달했는지 아닌지 알 수 있다.

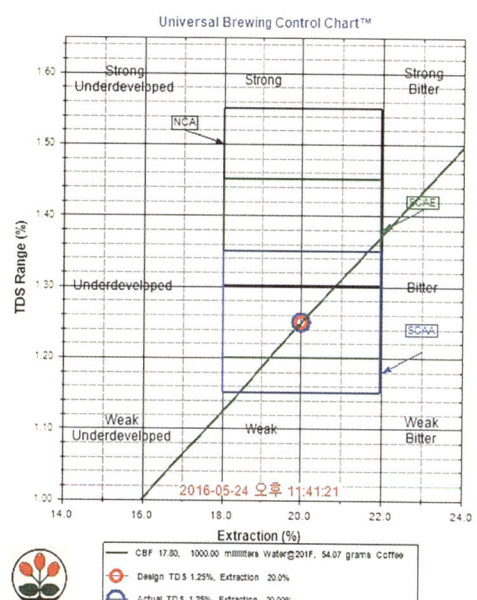

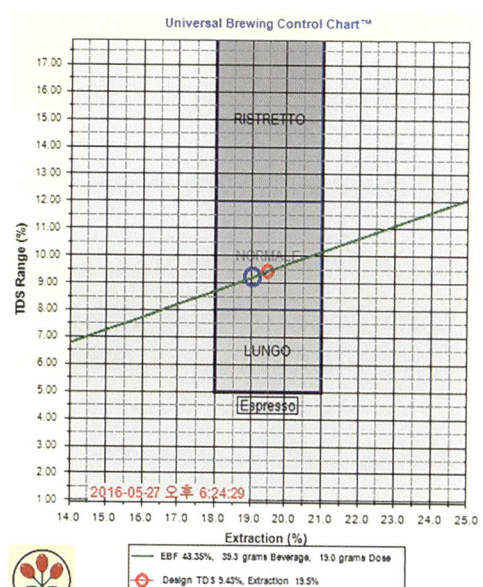

< VST 사에서 제공하는 프로그램을 통해 브루잉 커피와 에스프레소의 TDS를 측정하고, 이를 토대로 최적의 추출조건을 설정할 수 있다. >

Cup Tasting

컵 테이스팅

컵 테이스팅을 하는 방식은 사람마다 다른데, 실제로 판매하는 메뉴를 직접 만들어 시음해 보거나 품질관리에 필요한 세부항목을 리스트로 작성해 평가한다.
컵 테이스팅을 할 때는 각 항목에 대한 적합성을 따지는 것 못지않게 맛있는 커피의 기준을 다양하게 적용하는 것이 중요하다.

Cup Tasting → **Affective Evaluation**
감성적 평가

훈련되지 않는 일반 소비자를 대상으로 제품의 감각적인 부분을 평가하는 방식이다. 평가집단이 플레이버를 표현할 때 사용하는 단어를 보면 제품을 어떻게 인지하고 있는지 파악할 수 있다. 테스트는 블라인드 방식으로 진행되며, 해당 제품을 좋아하는지, 좋아한다면 얼마나 좋아하는지 등을 세부항목으로 나눠 선호도를 조사한다.

고객이 좋아하는 제품이 무엇인지 바로 확인할 수 있기 때문에 가장 단순하면서도 효과적인 평가방식이며, 제품에 대한 선호도가 구매로 이어질 가능성이 높다.

감성적 평가는 주로 신제품 출시를 앞둔 업체에서 기존 제품과의 선호도 및 구매의사 비교를 위해 활용한다.

Cup Tasting > Discriminative Evaluation
판별식 평가

제품을 특정한 기준에 맞춰 평가하려면 우선 그 품질을 구성하는 요소를 이해하고, 이에 따른 세부항목을 마련해야 한다. 이러한 세부항목을 기준으로 훈련된 집단이 제품을 평가하는 방법을 판별식이라고 하며, 여기에는 에스프레소 크레마의 상태와 산미의 강도, 오렌지 플레이버의 유무 등을 평가하는 항목이 포함된다. 여러 가지 제품을 생산하는 업체라면 제품마다 다른 기준을 가지고 평가항목을 마련해야 한다.

Cupping

커핑

What is Cupping
커핑이란 무엇인가

커핑은 후각과 미각을 이용해 커피의 품질을 평가하는 작업으로, 객관적인 항목과 함께 주관적인 항목을 평가하기 때문에 커피에서 느껴지는 자극의 강도를 수치화하고, 커피의 복합적인 성격을 미학적으로 표현하는 것이 가능하다.
때문에 커핑을 할 때는 각 평가항목에 대한 정확한 이해와 논리적 근거는 물론, 정해진 평가항목을 토대로 커피의 특징을 명확히 파악하고 설명할 수 있는 능력도 갖춰야 한다.

예를 들어 산미는 사람마다 인지하는 과정이 조금씩 다르기 때문에 여러 가지 의견이 존재할 수 있다.(이를 두고 역치가 다르다고 표현한다.)

산미가 가지고 있는 청량감은 입 안을 환기시켜 주지만 낮은 품질의 커피는 쓴맛이 강하고 산미가 약하기 때문에 청량감이 떨어져 좋은 평가를 받지 못할 수 있다. 반대로 좋은 품질의 커피는 산미와 단맛이 강하고 쓴맛이 약하기 때문에 청량감이 뛰어나며, 단맛이 산미를 압도할 경우 과일 같은 플레이버로 인지하여 더 좋은 평가를 받을 수 있다. 이러한 사전지식이 뒷받침되면 커핑 작업을 보다 객관적이고 효과적으로 수행할 수 있다.

특히 신맛은 커피의 산미를 더하며 음식에 소금을 넣는 것처럼 플레이버 전체에 개성을 불어넣는 역할을 하기 때문에 더욱 중요하다. 커피의 산미는 쓴맛을 완화시켜 복합성을 향상하는 데 도움이 된다. 산미가 약한 커피를 마셨을 때 밋밋한 느낌이 드는 것도 같은 이유에서다.

신맛은 매우 다양한 형태로 다른 맛과 결합하기 때문에 신맛을 느끼는 과정도 복잡할 수밖에 없다. 하지만 꾸준한 훈련을 통해 신맛에 대한 경험과 지식을 쌓고 나면 산미를 종합적으로 분석하는 일이 그렇게 어렵지만은 않을 것이다.

한편 커핑의 평가항목 중 하나인 오버올over all은 커피에 대한 전반적인 인상을 주관적으로 평가하는 항목이다. 다른 평가항목이 맛과 향의 일치성을 평가하고, 특정한 기준에 따라 커피의 품질을 구별하는 것과 달리 오버올은 개인의 취향과 기호를 반영한다. 때문에 오버올 점수는 다소 객관성이 떨어지며, '인도네시아 커피는 아프리카 커피보다 퀄리티가 낮다'든가, '내추럴 커피는 워시드 커피보다 퀄리티가 낮다'든가 하는 편견을 낳기도 한다.

커핑에서 편견은 감각을 한쪽으로 편향시키는 주범이다. 따라서 필자는 커핑을 최소한의 정보만 가지고 블라인드 방식으로 진행할 것을 권장한다. 커피에 대한 사전정보는 대부분 아름다운 말로 포장돼 있어 자칫하면 커핑을 방해하는 요소로 작용할 수 있기 때문이다.

또한 자기왜곡에 빠지지 않고 커피로서의 정체성과 객관적인 안목을 키우기 위해서는 우물 안 개구리에서 벗어나 다른 커퍼들과 함께 경험과 의견을 공유하며, 때로는 자신의 한계를 인정하고 토론을 두려워하지 않는 자세가 필요하다.

* **칼리브레이션** calibration : 평가에 앞서 참가자들이 기준을 맞추는 작업.
* **CoE** Cup of Excellence : 컵 오브 엑셀런스. 엄격한 심사를 거쳐 각국의 커피농장에서 출품한 커피 중 그해 최고의 커피를 선정하는 대회.

[TIP] 하이젠베르크의 불확정성 원리

개인의 경험에 따라 다르게 느껴지는 플레이버

스페셜티 커피의 다채로운 플레이버는 각종 평가용어나 커핑 점수를 통해 생두 구매자와 일반 소비자들에게 전달되지만 이에 대한 반응은 제각각이다. 특정 플레이버에 대한 개인의 경험이 서로 다르기 때문에 똑같은 플레이버도 사람마다 평가하고 표현하는 방법에 차이가 난다. 동일한 교육과 훈련을 받은 경우에도 플레이버를 인지하는 방식에는 여전히 개인차가 존재한다.

그래서 어떤 플레이버에 대한 개념을 여러 사람에게 전달하려면 일관된 기준을 가지고 커피가 지닌 신맛, 단맛, 바디, 애프터 테이스트 등의 속성을 파악한 뒤 역치를 고려하여 구체적으로 표현해야 한다.
하지만 이때 커피의 몇몇 속성은 보편적인 기준으로 채택할 수 없는데, 일례로 액체의 부피를 나타내는 단위인 갤런gallon은 1갤런이 영국, 캐나다에서는 4.5리터지만 미국에서는 3.8리터이기 때문에 일관성이 떨어져 칼리브레이션calibration*에 반영할 수 없다.

커핑 폼마다 다른 점수 책정 방식

이러한 문제는 커핑 점수에서도 나타난다.
예를 들어 미국스페셜티커피협회 커핑 폼으로 커핑한 에티오피아 커피와 콜롬비아 커피가 각각 85.50점과 85.50점을 받았다고 해서 품질이 동일하다고 볼 수는 없다.
두 가지 커피가 점수는 같지만 아로마, 산미, 바디, 밸런스 등의 질적인 부분quality과 양적인 부분quantity이 모두 다르기 때문이다.
또한 케냐 AA 커피의 커핑 점수가 83.25점이고 케냐 AB 커피의 커핑 점수가 83.50점인 경우에도 오차범위가 너무 작아서 케냐 AB 커피가 케냐 AA 커피보다 품질이 더 뛰어나다고 판단하기는 어렵다.

CoECup of Excellence*의 커핑 폼은 미국스페셜티커피협회와 또 다른데, CoE가 추구하는 가치와 목적이 서로 다르기 때문에 미국스페셜티커피협회는 80점을 기준으로 스페셜티 커피와 커머셜 커피를 구분하고 결점이 발견되면 감점하는 식으로 점수를 매기지만, CoE는 고유의 플레이버를 가지고 있는 커피에 86점을 매기고 결점이 발견되면 바로 실격처리를 한다.

따라서 똑같은 86점이라도 미국스페셜티커피협회에서 86점을 받은 커피와 CoE에서 86점을 받은 커피의 퀄리티는 차이가 있을 수밖에 없다. 커핑 폼의 평가 기준과 방식이 상이하기 때문이다. 그러나 경우에 따라서는 미국스페셜티커피협회에서 받은 점수에 5점을 더해 CoE 점수를 환산하는 식으로 확대 적용하기도 한다.

하이젠베르크의 불확정성 원리

커핑은 감각을 통해 느껴지는 자극을 바탕으로 하는 만큼 필터링을 거치지 않으면 개인이 평가 기준과 방식을 이해하는 정도에 따라 같은 커피도 다르게 인식할 수 있다. 같은 커피가 다른 커핑 폼 때문에 점수 차가 발생하는 것인데, 이를 흔히 하이젠베르크의 불확정성 원리 Heisenberg's Uncertainty Principle라고 한다.

역치의 차이로 인한 문제점을 줄이기 위해 커퍼들은 커핑을 하기 전 미리 모여 칼리브레이션을 하고, 각자의 느낌을 커핑 폼에 적혀 있는 수치화된 평가항목의 기준에 맞춘다.
이런 식으로 커핑 경험이 쌓이면 플레이버를 객관적으로 이해하고 매번 다른 커피도 일정한 방식으로 평가할 수 있게 된다. 품질에 대한 분별력이 생기면서 미국스페셜티커피협회에서 80점을 매긴 커피와 86점을 매긴 커피를 구분할 수 있게 되는 것이다.

Epilogue

바야흐로 '커피 제3의 물결'인 스페셜티 커피의 시대가 도래했다.

커피에서 느낄 수 있는 플레이버는 한층 다채롭고 풍요로워졌으며, 하와이안 코나, 예멘 모카, 워시드 프로세스, 내추럴 프로세스 등이 주를 이루던 기존의 로스팅 기술은 이전에 볼 수 없었던 파나마 게이샤나 허니 프로세스 같은 품종과 가공방식이 새롭게 등장하면서 또 다른 국면을 맞게 되었다.

획일화된 커피 생산의 시대에서 다원화된 커피 생산의 시대로 넘어가며 예측할 수 없는 변수들이 로스팅에 작용하기 시작한 것이다.

로스팅 프로세스라는 함수를 '시간'이라는 하나의 관점에서만 바라보면 '투입, 터닝 포인트, 옐로우, 1차 크랙, 2차 크랙, 배출, 냉각'이라는 큰 프레임을 벗어날 수 없다. 물론 로스팅 진행과정을 기록하고 데이터로 활용하는 것도 의미 있는 일이다. 하지만 스페셜티 커피가 지닌 역동성을 온전히 표현하기 위해서는 한 가지 틀에 갇혀 있기보다 로스터 스스로 고유의 로스팅 철학을 세우고 다양한 맥락에서 기반을 확립하는 것이 중요하다.

때문에 로스터들은 늘 새로운 여정에 오르는 것을 마다하지 않는다. 산지를 방문하고 해외의 선진화된 커피시장을 경험하는 데 시간과 금전적 투자를 아끼지 않는 것처럼 말이다.

이를 통해 그들은 '에티오피아 커피는 아로마와 산미가 뛰어나고 인도네시아 커피는 그렇지 못하다'라든가 '콜롬비아는 워시드 커피만 생산하고 내추럴 커피는 생산하지 않는다'는 식의 통념을 깨고 여러 가지 가능성을 열어두게 된다. '자메이카 블루마운틴은 고품질의 커피'라는 암묵적 믿음에 반해 '그렇다면 자메이카 블루마운틴은 왜 고품질의 커피인가?'라는 질문을 던지게 된 것이다.

스페셜티 커피가 요구하는 풍부한 경험과 포괄적 접근방식은 성숙한 커피시장을 만드는 밑거름이 된다. 또한 이러한 철학적 고민은 로스팅 이론과 기술에 녹아들어 새로운 로스팅 크래프트를 만들어낸다. 이 과정에서 로스터는 자신의 정체성을 찾고, 이를 한 잔의 컵에 함축해서 담아낸다.

이처럼 많은 인내와 노력, 그리고 열정을 필요로 하는 스페셜티 커피 로스터의 드라마틱한 커피 여정에 <로스팅 크래프트 Roasting Craft>가 재밌고 유용한 가이드가 되었으면 한다.

로스팅 크래프트
새로운 시대의 커피 로스팅

2016년 6월 7일   초판 1쇄 발행
2023년 2월 8일   초판 9쇄 발행

엮은이 아이비라인 출판팀
펴낸이 홍성대
편집 정성희, 이여진, 김하영
사진 변귀섭, 월간Coffee, 유승권
디자인 나래(GRAEY)

펴낸곳 아이비라인
출판등록 2001년 12월 27일 제311-2003-00049호
주소 (04321) 서울시 용산구 한강대로 295 남영빌딩 5층 506호
전화 (02) 388-5061 **팩스** (02) 388-9880
홈페이지 www.the-cup.co.kr

ISBN 978-89-93461-29-9 13590

· 이 책은 저작권법에 따라 보호받는 저작물이므로 무단 전재와 무단 복제를 금합니다.
· 이 도서의 국립중앙도서관 출판시도서목록(CIP)은 서지정보유통지원시스템 홈페이지(http://seoji.nl.go.kr)와 국가자료공동목록시스템(http://www.nl.go.kr/kolisnet)에서 이용 하실 수 있습니다. (CIP제어번호: CIP2016012430)